ARNO BACKHAUS

Tritt fest auf, mach's Maul auf, hör bald auf

44 Anschläge an deine Herzenstür

ARNO BACKHAUS

Tritt fest auf, mach's Maul auf, hör bald auf

44 Anschläge an deine Herzenstür

Verlag | Alles, was Sinn macht!

Bibliografische Information der Deutschen Nationalbibliothek
Die Deutsche Nationalbibliothek verzeichnet diese Publikation in der
Deutschen Nationalbibliografie; detaillierte bibliografische Daten
sind im Internet über http://dnb.d-nb.de abrufbar.

ISBN 978-3-86506-845-3
© 2016 by Joh. Brendow & Sohn Verlag GmbH, Moers
Gesamtgestaltung: Brendow Verlag, Moers
Titelfoto: mauritius images, Catharina Lux
Druck und Bindung: Brendow Web & Print, Moers
Printed in Germany
www.brendow-verlag.de

Inhalt

1 Vor-Wort 6
2 Im Leben kommt es nicht auf Sprüche an 8
3 Bleib so wie du Biest? 10
4 Lachen steckt an 12
5 So dumm können nur Kinder sein! 14
6 Keine Privatangelegenheit 16
7 Wie aus Sympathie Liebe wird 18
8 Verstehe ich nicht 20
9 Ewigkeit 22
10 Anbetung 24
11 Gott lässt mit sich handeln 26
12 Kopieren erlaubt 28
13 Ent-setzen 30
14 Burn-out 32
15 Haben Christen nichts zu lachen? 34
16 Hat dir schon jemand gesagt, dass du gut aussiehst? 36
17 Wer hat schon was gegen Gartenschläuche? 38
18 Ich habe keine Zeit 40
19 Welchen Wert hat der Mensch? 42
20 Vorsicht vor dem Bauch! 44
21 Selbst-Therapie 46
22 Widersprüche 48
23 Zum Schlittschuhlaufen muss man geboren sein 50
24 Gesucht! 52
25 Fasten 54
26 Nichts ist unmöglich 56
27 Merkwürdig! Des Merkens würdig! 58
28 Wer sich auf das Falsche verlässt, ist schnell verlassen 60
29 Lernen – kaufen – wegwerfen 62
30 Biblischer Humor 64
31 Jesus möchte eine ganz kleine Nummer in deinem Leben sein 66
32 Sünde 68
33 Weisheit 70
34 Ich bin nicht gerne in die Schule gegangen 72
35 Das kleine und das große ABC 74
36 Dann wär zwar noch kein Frieden, aber auf jeden Fall schon mal kein Krieg ... 76
37 Halloween – den Horror feiern? 78
38 Urlaub 80
39 Ausländer raus und Deutsche rein? 82
40 Keine Einbahnstraße 84
41 Betreutes Wohnen 86
42 Belohnung 88
43 Ich tue mir selbst einen Gefallen 90
44 Die kürzeste Predigt im Neuen Testament 92
Offen gesagt 94
Bildnachweis 96

1 Vor-Wort

Manche bezeichnen die Bibel als „Das Wort" oder „Das Wort Gottes". Jetzt soll ich ein Vor-Wort schreiben. Gibt es etwas vor Gott? Wenn ja, dann wäre das auch wieder Gott, denn die erste und letzte Instanz ist immer Gott. Er hat nicht nur das erste Wort und das Recht auf das Vor-Wort, er hat auch das Recht auf das Nach-Wort.

Ganz am Ende hat er das letzte Wort. Und zuletzt braucht keiner mehr Worte, da müssen sie alle schweigen, die Lautsprecher in den Konzentrationslagern und den Diskotheken, die Brüller auf den Jahrmärkten, die Vertreter mit ihren Überredungskünsten, die Kanonen auf den Schlachtfeldern, die Firmen- und Nachrichtensprecher, die rechten und linken Chaoten mit ihren Parolen, die, die alles nachplappern, weil sie keine eigene Meinung haben, die, die an den Börsen nach Gewinnen schreien, die Sektenüberreder, die Schwätzer, die Versteigerer, die Pressesprecher, die Vorsänger in den Kirchen und Moscheen, die Vorwort- oder Nachwortschreiber, aber auch die, die ganz leise nach Hilfe, Liebe und Verständnis, nach Wasser und Brot schreien. Und dann hält Gott, ganz am Ende, sein großes Fest, und dazu lädt er ein, heute schon, mit der dicksten Einladungskarte, die es gibt: der Bibel.

Nur wir entscheiden, ob wir diese Einladung annehmen. Zwingen tut er uns nicht, eine Ewigkeit mit ihm zu verbringen ...

Der Glaube ist der Anfang aller guten Werke.

Martin Luther

2 Im Leben kommt es nicht auf Sprüche an

Turnschuhe sind nicht für das Regal gemacht, sondern um sie anzuziehen und damit zu laufen. (Haben Turnschuhe eigentlich auch ein Ablaufdatum?)
Ein Auto ist nicht konstruiert, um in der Garage zu stehen, sondern dass man (und frau) damit fährt. Geld ist nicht dafür da, dass es im Portemonnaie bleibt, sondern damit es in Bewegung kommt. Man spricht vom Geld- und Wirtschaftskreislauf.
Ein Fallschirm hat seinen Sinn verfehlt, wenn er, richtig zusammengelegt, am Rücken „kleben" bleibt. Der Zweck des Fallschirmes erfüllt sich dann, wenn ich abspringe und die Leinen ziehe.

Und der Glaube ist nicht dafür da, dass ich an den Glauben glaube, sondern aus dem Glauben heraus lebe und handele, auf dass der Glaube Beine bekommt und wirksam wird. Sind wir nur Sprücheklopfer und Theoristen oder Praxisten? Große Worte und Sprüche sind nicht entscheidend, die kann doch jeder machen.
Sicher kennst du diese Postkarten oder kleinen Bücher mit Lebensweisheiten, Aufkleber, Kalender und T-Shirts mit Sprüchen. Die stellt man sich gerne ins Regal oder hängt sie an die Wand, weil die Sprüche darauf komplizierte Dinge unkompliziert auf den Punkt bringen, oft mit viel Humor. Aber es kommt im Leben doch nicht auf die Sprüche an – so berührend sie auch sein mögen –, sondern darauf, welche Sprüche im Alltag umgesetzt werden (können). Reden können viele, Sprüche machen auch, aber ob wir das auch leben, was wir proklamieren und als Aufkleber am Auto kleben haben, das wäre noch die Frage.
Ich kenne niemanden, bei dem Reden und Leben so zusammengepasst haben wie bei Jesus Christus. Kein Sprücheklopfer, sondern ein Täter. Und das hat ihm kräftig Konflikte bereitet. Die gingen so weit, dass man ihn umgebracht hat. Kein Wunder: Man lässt sich doch nicht ins Tagesgeschäft reinreden, in das Verhalten anderen gegenüber oder auch nur in die eigenen Gedanken. Das macht man doch nicht so ohne Weiteres, ganz egal, ob da einer kommt, der von sich selbst behauptet, er sei der einzige Weg zu Gott.
Aber einige, die diesem Jesus glauben, ihm vertrauen und ihm erlauben, ihr Handeln, Reden und Schweigen zu beeinflussen, die erfahren, dass ihr Leben immer mehr von einer außergewöhnlichen Liebe, Gelassenheit, Barmherzigkeit und einem tiefen Frieden ausgefüllt wird. Und dann üben sie immer mehr ein, von Sprüchen hin zu einem authentischen Leben zu kommen.

> *„Deshalb, meine Kinder, lasst uns einander lieben: nicht mit leeren Worten, sondern mit tatkräftiger Liebe und in aller Aufrichtigkeit."*
> Johannes 3,18   (Hoffnung für alle)

Reichtum
ist das geringste Ding
auf Erden und die allerkleinste
Gabe, die Gott einem Menschen
geben kann. Darum gibt unser
Herrgott gemeiniglich Reichtum den groben Eseln, denen
er sonst nichts gönnt.

Martin Luther

3 Bleib so, wie du biest?

Kennst du den Spruch noch? „Ich will so bleiben wie ich bin!" – „Du darfst!" Du darfst so bleiben, wie du bist? Oder musst du vielleicht vielmehr so bleiben, wie du bist? „Du hast dich aber gar nicht verändert, bist immer noch der Alte." Ist das ein Kompliment oder nicht eher ein Hinweis auf Starrsinn? Wenn du immer alles so machst, wie du es seit 10 Jahren gemacht hast, sind die Chancen groß, dass du es falsch machst. Hör nicht auf die Leute, die dir den Wunsch mit auf den Weg geben: „Bleib so, wie du bist!" Denn wer glaubt, etwas zu sein, hört auf, etwas zu werden.

Der reiche Mann in der Bibel, der zu Jesus kommt, macht es richtig. Er will nicht so bleiben, wie er ist, und fragt: „Was muss ich tun, um das ewige Leben zu bekommen?" Er hatte alle Gebote gehalten. Und trotzdem hat ihm das Entscheidende gefehlt: ein Leben mit Qualität. Er fragt nach ewigem Leben. Und Jesus antwortet: „Lass los, was dich bindet, gib das Geld den Armen, und dann komm, und folge mir nach."

Der reiche Mann in der Bibel hat sich am Geld festgehalten. Man kann sich ja an den verrücktesten Sachen festhalten, die alle keinen Halt bieten und einem das Leben, das ewige und jetzige, versperren. Wie wäre es, du würdest deine Arroganz und Gleichgültigkeit loslassen, oder deine Minderwertigkeitsgefühle, den Stolz oder die Eifersucht? Manche Eltern müssen ihre erwachsenen Kinder endlich loslassen, andere ihren Alkohol, ihre Verletzungen. Jeder weiß selbst am besten, was ihn vom wahren Leben ablenkt.

Und wenn man sich endlich entschlossen hat, loszulassen, kommt der Hinweis von Jesus, auf den es letztendlich ankommt (die Geldentsorgung war nur eine Zwischenstation): „Dann komm, und folge mir nach."

Jetzt geht's erst richtig los: Jetzt können wir in der Gegenwart Jesu das Leben, die Liebe und seinen Frieden erfahren, können wir lernen, ihm nachfolgen, seine Gerechtigkeit und Barmherzigkeit eintrainieren.

Das hört sich so locker an, ist es aber nicht. Da brauche ich andere zu, die mir Mut machen, mich korrigieren und trösten. Das ist eigentlich der Sinn von Kirche. Nicht 45 Minuten absitzen, um sich mehr oder weniger kluge Vorträge anzuhören. Geh in deine Kirche und übe mit den anderen einen alternativen Lebensstil ein. Wenn du keiner angehörst, suche dir eine, in der du eine geistliche Heimat findest. Und dann geht's aufs „Spielfeld" zum Training.

„Darum: Ist jemand in Christus, so ist er eine neue Kreatur; das Alte ist vergangen, siehe, Neues ist geworden."
2. Korinther 5,17

Wir können an der Freude den Mangel unseres Glaubens erkennen. Denn wie stark wir glauben, so stark müssen wir uns auch notwendig freuen.

Martin Luther

4 Lachen steckt an

Für Herz und Seele ist nichts erfrischender als ein herzhaftes Lachen. Aber warum sind wir Christen oft so verkrampft, warum haben oder zeigen wir so wenig Humor, warum gibt es bei uns so wenig zu lachen? Liegt es daran, dass wir unseren Wert und unsere Anerkennung in dem suchen, was wir leisten? Ist unser Selbstbewusstsein von unserem Erfolg abhängig?

Eigentlich haben wir ja Grund genug zu lachen. In mehrfacher Hinsicht: Weil Jesus uns so ernst genommen hat, brauchen wir das nicht mehr selbst zu tun. Ich werde von Gott mit allem Drum und Dran geliebt. Wenn ich das nicht nur glaube, sondern immer mehr aus diesem Wissen heraus lebe, habe ich Grund genug, über mich selbst zu lachen, sogar über mein Versagen und meine Schwächen. Ich werde nicht depressiv und total von mir enttäuscht, weil ich weiß: Selbst wenn ich etwas nicht hinbekomme, falle ich in Gottes Arme. Er vergibt mir und tröstet mich. Auch bei Erfolg kann ich lachen, werde nicht überheblich und stolz, weil ich weiß, dass meine Sicherheit auf Gott beruht, nicht auf meinem Erfolg.

Wenn ich diese bedingungslose Liebe immer wieder erlebe, motiviert sie mich, andere anzustecken mit einem heilenden Lachen und einer Barmherzigkeit der Freude. Ich möchte andere anstecken, damit sie über sich lachen und unverkrampft mit sich und anderen umgehen können. Ich möchte mit meinen begrenzten und bescheidenen Mitteln Hoffnung weitergeben und mich für die einsetzen, deren einziges Entertainment darin besteht, endlich etwas zu essen, zu trinken oder zu schlafen.

Lachen und Freude stecken an – Liebe auch. Das wünsche ich jedem, dass er in seinem Umfeld den Virus der Freude weitergibt. Nicht nur mit Witzen und Worten, sondern vielmehr mit dem Leben und mit Taten.

Kinder sind die feinsten Spielvögel. Die reden und tun alles einfältig von Herzen und natürlich. Wie feine Gedanken haben doch die Kinder! Sehen Leben und Tod, Himmel und Erde ohn allen Zweifel an.

Martin Luther

So dumm können nur Kinder sein!

Ich sitze in Ostfriesland am Frühstückstisch meiner Gastgeber und wir unterhalten uns über das Weltgeschehen. Das eineinhalbjährige Kind der Familie spielt im Wohnzimmer. Plötzlich zerbricht etwas. Kurze Zeit später kommt das Kind mit einer Scherbe einer kaputten Vase in die Küche und sagt mit einem überraschten Blick: „Da, da, da ...!", als wenn es sagen wollte: „Guckt mal, was ich gemacht habe. Könnt ihr da was mit anfangen?" Spontan dachte ich, na, das lernt der Kleine auch noch, dass man das, was man kaputt macht, nicht einfach so offen zeigt. So „dumm" und einfältig können nur Kinder sein. Was man kaputt macht, das muss man doch verstecken, das verheimlicht man doch. Das zeigt man doch nicht so offen herum.

Gleichzeitig denke ich an Jesus, der sagt: „Werdet wie die Kinder." Die gehen ja ganz offen, unvoreingenommen und voll Vertrauen mit ihrem Versagen um, mit ihren „Scherben". Und wenden sich an die, von denen sie Hilfe erwarten. Bis auch sie dann immer häufiger die Erfahrung machen, dass sie bei Versagen Strafe bekommen. Es setzt was: auf die Finger, auf den „Hosenboden", im schlimmsten Fall bekommt das Kind eine geknallt, mitten ins Angesicht. Ist doch klar, dass dann das Vertrauen zerbricht und das große Verstecken beginnt.

Gut, dass Gott auf unsere Schuld nicht brutal reagiert, losschlägt und anklagt oder sich eingeschnappt zurückzieht. Er wartet darauf, dass wir ihm die Scherben bringen, unser Versagen, unsere Schuld. Er ist der Fachmann für alle Brüche im Leben. Wer kann besser trösten, besser heilen, besser verbinden als er? Niemand!
Na, dann klettere ich doch auf Papas Schoß! Nur gut, dass er mich in den Arm nimmt und nicht in den Schwitzkasten! Nichts wie hin zu ihm, mit meinen ganzen Scherben!

„Da rief er ein Kind herbei, stellte es in ihre Mitte und sagte: Amen, das sage ich euch: Wenn ihr nicht umkehrt und wie die Kinder werdet, könnt ihr nicht in das Himmelreich kommen."
Matthäus 18,2–3

Es gilt nicht, sich im Winkel verkriechen, sondern im Gegenteil: herauslaufen, wenn man drinnen wäre!

Martin Luther

Keine Privatangelegenheit

Manche sagen: „Glaube ist Privatsache." Eine feine, sehr galante Lüge des Teufels. „Evangelium" war ursprünglich eine öffentliche politische Bekanntmachung. Wenn Steuern erlassen wurden oder Sklaven freikamen, wurde dies öffentlich bekannt gegeben. „Evangelium" heißt übersetzt: „eine gute Nachricht".

Der Begriff wurde später von den Christen christianisiert, weil sie sagten, die wirklich gute, froh machende und frei machende Botschaft hat nicht der Kaiser, sondern Jesus.

Manche sagen: „Mein Glaube geht keinen was an!" Oh doch!! Gott und deinem Mitmenschen geht dein Glaube sehr viel an! Glaube ist zwar immer persönlich, aber nie Privatangelegenheit. Glaube hat immer auch öffentliche Auswirkungen. Der Wind ist ja auch an seinen Auswirkungen sichtbar, selbst wenn ich ihn nicht direkt sehen kann. Genauso hat das, was der Geist Gottes im Herzen der Menschen in Gang bringt, immer Auswirkungen bis in die Öffentlichkeit.

Wenn dein Glaube Privatangelegenheit ist und bleiben soll, dann spar dir die Mühe. Dafür ist er zu schade. Ein Auto wird ja auch nicht gekauft, dass es ein Leben lang in der Garage steht.

„Wir können's ja nicht lassen, von dem zu reden, was wir gesehen und gehört haben."
Apostelgeschichte 4,20

Die Erfahrung lehrt,
dass durch Liebe weit
mehr ausgerichtet werden
könne als durch
knechtischen Zwang.

Martin Luther

Wie aus Sympathie Liebe wird

Liebe ist eine Entscheidung. Jemanden zu lieben heißt nichts anderes, als einem Mitmenschen das zu geben, was er braucht. Jeder von uns braucht eine andere Art von Liebe. Der eine braucht jemanden mit offenem Ohr, der einfach mal zuhört, zurückfragt, Zeit hat. Ein anderer braucht ein klares Wort der Korrektur, das kann auch peinlich und unangenehm sein. Liebe kann auch heißen, um Vergebung zu bitten oder selbst zu vergeben. Liebe kann heißen, einem anderen ganz praktisch zu helfen.

Jemanden zu lieben ist nicht immer leicht und berauschend. Da muss ich Zeit, Kraft und Geld opfern. Da fange ich an zu schwitzen. Da mache ich mich dreckig. Aber all das kann ein Ausdruck von Liebe sein. Je länger und intensiver ich in Gemeinschaft mit Gott diese Liebe einübe, mich mit ihr umgebe und sie mir antrainiere, desto mehr wird die Liebe nicht erst mein Benehmen, sondern auch schon den Lauf meiner Gedanken und meinen Willen bestimmen – meinen ganzen Charakter.

Es geht nicht darum, dass wir uns als Christen hier und da mal des göttlichen Liebesgebotes erinnern und Gelegenheitsliebende sind. Je mehr ich normalen Umgang mit Jesus habe, ihn als Norm für mein Reden, Handeln und Schweigen akzeptiere, desto mehr werde ich von ihm verändert.

So wird das Lieben ein Bestandteil meiner Persönlichkeit und meines Charakters. Diese Liebe ist göttliche Liebe, die ich nicht durch Anstrengungen und eigene Kraft erarbeiten kann. Die kann ich mir nur jeden Tag neu schenken lassen.

„Seid in herzlicher Liebe miteinander verbunden, gegenseitige Achtung soll euer Zusammenleben bestimmen."
Römer 12,10 (Hoffnung für alle)

Wenn rechte Liebe ist,
da spricht sie:
Ich frage nicht, was du
hast oder wie du bist,
denn ich will dich.

Martin Luther

8 Verstehe ich nicht

Es gibt für uns fast nichts Schlimmeres, als verachtet zu sein: bei uns im Dorf, in der Gemeinde, der Verwandtschaft oder an der Arbeit. Ich tue alles dafür, dass die Leute gut von mir denken. Wir wollen gerne angesehen sein, beachtet und geachtet. Was vielen nicht bewusst ist: Das heißt, dass die anderen Macht über mich haben. Über meine Gefühle, über das, was ich tue, darüber, wann ich es tue und wie ich es tue. Im großen Maße bestimmen die anderen meine Handlungen. Das, was mich beliebt macht, das kehre ich nach vorne, alles andere versuche ich so gut wie möglich außen vor zu lassen.

Jesus war verachtet, weil er sich von der bedingungslosen Liebe bestimmen ließ. Er ließ sich nicht irritieren von der Meinung der Leute, nicht bestimmen von den Erwartungen und dem Zeitgeist – sonst wäre er sicher weder im Stall geboren noch am Kreuz gestorben. Er erniedrigte sich selbst und überrascht uns vom Anfang bis zum Ende. Er erfüllte nicht die Erwartungen, die die Leute an ihn hatten.

Ob wir uns als Christen auch immer wieder überraschen lassen von der Liebe Gottes?! Warum hat Gott eigentlich so ein großes Interesse an uns? Warum verlässt Gott in Jesus seine Unendlichkeit und wird Mensch, um uns einzuladen mit ihm Gemeinschaft zu haben? Warum will er unbedingt eine liebevolle Beziehung zu uns? Kann ich nicht nachvollziehen! Hat ihm was im Himmel gefehlt?

Haben wir ihm gefehlt? Kommt er nicht bestens mit seinem Sohn und dem Heiligen Geist alleine aus? Braucht er uns „da oben"? Kann ich nicht nachvollziehen! Gott tut ja fast so, als wenn er uns unbedingt dabeihaben wollte. Dafür stirbt er sogar, am Kreuz. Das ist mir alles zu „hoch".

Von dieser Liebe will ich mich abhängig machen, und nur von ihr. Dann ist auch egal, was der Nachbar, Arbeitskollege oder sonstwer von mir denkt.

Ein großes Licht wird sein,
und alles, was hier schön ist,
wird dort nichts sein.
Unsere Augen werden glänzen
wie fein Silber, unser Leib wird
leicht dem Willen folgen,
wie ein Flaum.

Martin Luther

9 Ewigkeit

Für viele Menschen ist Ewigkeit ein Zeitbegriff. Die Bibel verbindet mit „ewig" mehr als Zeit, es ist eher ein Qualitätsbegriff. Eine Ewigkeit von absoluter Qualität: 100 % Liebe ohne doppelten Boden, 100 % Frieden ohne Kompromisse, 100 % Gerechtigkeit ohne Korruption, 100 % Geduld ohne Ende. Gott gibt alles, und das alles für uns. Ich kann das nur so verstehen, dass wir aus Gottes Sicht etwas ganz Besonderes sind. Dafür lässt er alles liegen und stehen und kommt auf diese Welt. Warum er das macht, kann ich nicht verstehen, aber Gott sagt ja gar nicht, dass wir ihn verstehen sollen, sondern nur, dass wir ihn lieben sollen. Ist ja auch logisch, wie kann ein Mensch Gott verstehen, das ist ja fast so, als wenn eine Ameise einen Oberförster verstehen wollte. Das ist eine andere Liga! Gott möchte in unser Herz das Potenzial „ewig" einbrennen, weil er uns liebt und eine Ewigkeit mit uns verbringen möchte. Und wer das nur ansatzweise in seine Birne reinbekommt, dass er aus Gottes Sicht ein Original ist, eine Einzelanfertigung, das Allerwichtigste, etwas Hyper-super-ganz Besonderes, das Ewigkeitswert hat, der lässt das auch andere spüren, dass sie etwas ganz Besonderes sind, der teilt diesen Frieden und diese Liebe aus der Ewigkeit, auch wenn sie hier nicht perfekt ist und unsere Geduld manchmal schnell am Ende ist. Aber zum Glück haben wir einen Gott, der mit unserer Ungeduld ganz schön viel Geduld hat.

Die Tat legt das Wort recht aus.

Martin Luther

10 Anbetung

Anbeten bedeutet im Hebräischen „sich niederwerfen" oder „sich unterwerfen". In 1. Mose 22 bekommt die Anbetung fast tragische Züge. Gott stellt Abraham auf die Probe. Er soll seinen einzigen Sohn opfern. Abraham geht sehr früh zur Opferstätte und sagt zu seinen Knechten: „Bleibt mit dem Esel hier! Ich will mit dem Knaben hingehen und anbeten; dann kommen wir zu euch zurück." Was tut Abraham auf dem Berg Morai? Er hat von Gott eine Weisung bekommen, und er unterwirft sich dieser. Er gibt Gott alles zurück, was er von ihm empfangen hat.

Hier wird das Wesentliche über Anbetung ausgedrückt: Was löst Anbetung aus? Gottes Reden. Was ist Anbetung dem innersten Wesen nach? Sich Gott unterwerfen, seinem Reich, seiner Kraft, seiner Herrlichkeit, seiner Herrschaft. Meistens wurde das Unterwerfen auch körperlich zum Ausdruck gebracht. Aber wer geht schon beim Beten auf die Knie oder legt sich auf die Erde? Hände hochhalten beim Beten haben ja einige mittlerweile gelernt, mit offenen Händen vor Gott stehen auch: „Guck mal, nix drin, kannst du mal vollmachen?! Guck mal, wie dreckig, kannst du mal sauber machen?!"

Das ist Anbetung: Mit offenen Händen vor Gott stehen, wie ein Bankräuber vor dem Sheriff, und sich ergeben und kapitulieren, wie jemand, der mit den Händen einen Trichter formt und mit dem Bewusstsein vor Gott steht: Gott soll mich füllen, erfüllen mit Liebe, Gerechtigkeit und Barmherzigkeit.

Übrigens, wer mit offenen Händen vor Gott steht, muss vorher alles loslassen ...

PS: Bei Abraham fehlt fast alles, was wir heute unter Anbetung verstehen: Da war kein Gesang, keine Musik, kein festlicher Rahmen, keine Hochstimmung. Es fehlten sogar die Worte. Das Wesentliche an der Anbetung ist, dass ich mich vor dem neige, der größer ist als ich. Alles andere ist Beiwerk.

Bitte, rufet, schreiet, suchet, klopfet, poltert! Und das muss man für und für treiben ohne Aufhören.

Martin Luther

 Gott lässt mit sich handeln

Was ist der Mensch, dass er Gott Ratschläge geben kann? Mose kann. Was ist der Mensch, dass er Gott bitten kann, zu bereuen? Da steckt ja das Wort Reue drin. Gott soll Reue praktizieren? Hat er denn was falsch gemacht? Mose lehnt sich hier weit aus dem Fenster.

Wenn ich unsere Gebete in Gottesdiensten erlebe, merke ich immer wieder, wie „schön" kultiviert wir mit Gott umgehen, welche wohlformulierten, unter jeden Teppich passende Vokabeln wir benutzen. Die haben keine Ecken und Kanten, die sind wohl abgerundet, passen in jede evangelikale, liberale, charismatische oder volksmissionarische Schublade. Bei uns ist vieles so kontrolliert, läuft alles erst über den Verstand.

Die Bibel aber berichtet öfter davon, wie menschlich manche Menschen mit Gott umgehen. Sie klagen Gott an: „Wo warst du?", „Warum schweigst du?", „Ich erfahre dich nicht mehr!" Manche biblischen Figuren handeln sogar mit Gott. Sie fordern ihn heraus. Irgendwie habe ich den Eindruck, Gott und der Mensch waren mehr miteinander verwoben, und zwar im ganz normalen Alltag.* Zumindest in der Zeit, von der die Bibel berichtet. Und im Alltag fliegen nun mal auch die Fetzen, da wird nicht lang an Worten gefeilt, da kommt was aus dem Bauch und dem Herzen ♥, so wie es drinsteckt, ungefiltert.

Gott lässt mit sich handeln. Gott lässt so mit sich reden, lässt sich hinterfragen. Er geht auf den Menschen ein, der ihm, dem scheinbar unnahbaren Gott, Ratschläge zur Verhaltensänderung gibt. Unvorstellbar, aber wahr. Gott ist beweglicher und flexibler, als manche denken. In 2. Mose 32,14 können wir lesen: „Da ließ sich der Herr zur Änderung seines Sinnes im Blick auf das Unheil umstimmen, das er seinem Volk zugedacht hatte."

Das wär's doch, mit Gott im Alltag „verhandeln". So, als wäre er nicht nur sonntags bei uns in der Kirche, sondern auch bei der Reifenpanne auf dem Weg in den Urlaub, beim Elternabend, „im kleinen Kreis", in der Chefetage, wenn ich gerade die Entlassungspapiere abhole, bei ... ach, Sie wissen schon.

*Heute, mit mehr als 65 Jahren Lebenserfahrung, kann ich nur bestätigen, wie alltagstauglich die biblischen Aussagen sind. Endlich ein Buch, das das Leben nicht beschönigt oder schwarzmalt. Es ist bis in die feinsten Adern des Lebens, bis in die tiefsten Bereiche des Menschseins realistisch. Ein Buch voller Tragik und Humor, voll mit Krieg und Frieden, voll mit Geschichten menschlicher Resignation und göttlicher Hoffnung. Freude und Trauer, Leid und Heilung, Tanz und Mord, Ausgelassenheit und Gesetzlichkeit, Spontaneität und Vorschriften wechseln sich ab – ein Wasserstrahl prallen Lebens rauscht in meine Gehirngänge.

> „Mose aber suchte den Herrn, seinen Gott, umzustimmen und sagte: ‚Ach Herr, warum willst du deinen Zorn über dein Volk ausschütten, das du eben erst mit starker Hand aus Ägypten herausgeführt hast?'"
> 2. Mose 32,11

Von sechs Geschwistern freut sich die Schwester heute recht laut auf die Taufe ihres jüngsten Bruders. Singend marschiert sie durch die Wohnstube: „Morgen wird Martin gekauft, morgen wird Martin gekauft!" – „Nein, doch nicht gekauft, sondern getauft", kommt die Aufklärung von dem älteren Bruder. Und der Bruder fügt wissend hinzu: „Mit ‚t'!" – „Nein", sagt die weise Schwester, „nicht mit Tee, mit Wasser!"

12 Kopieren erlaubt

„Warum bist du Christ?" „Weil ich getauft bin." „Warum bist du getauft?" „Weil meine Eltern das so wollten." „Warum wollten das deine Eltern so?" „Weil sie Christen waren." „Warum waren deine Eltern Christen?" „Weil sie getauft waren." „Warum waren sie getauft?" „Weil es ihre Eltern so wollten." „Warum wollten es ihre Eltern so?" „Weil sie ..." Ich könnte auf diese Weise die ganze Seite vollschreiben. Die Taufe macht mich doch nicht zu einem Christen, weder die evangelische noch die katholische (und auch nicht die baptistische). Jesus selbst sagt, dass derjenige Christ ist, der ihm nachfolgt, ihm nachglaubt, nachschweigt, nachhandelt, der ihn kopiert. Jesus hat zwar das Copyright auf Leben, Liebe und Frieden, aber er hat keinen Kopierschutz eingebaut. Im Gegenteil. Endlich kopieren erlaubt.

Wir kopieren ja sowieso alles Mögliche und Unmögliche. Wir kopieren den Zeitgeist und das, was die Medien uns vorsetzen, unsere Bekannten und Freunde, unsere Arbeitskollegen. Wir machen das nach, was unsere Eltern uns vorgelebt haben. Wir sind den ganzen Tag am Kopieren.

Was dabei herauskommt, das kann man jeden Morgen in der Zeitung nachlesen und abends in der Tagesschau beobachten. Aber wenn wir beginnen, diesen Jesus zu kopieren, IHN nachzumachen, dann wird unser Leben immer mehr ausgefüllt werden von seinem Frieden, der nicht von dieser Welt ist – den diese Welt aber dringend benötigt –, von seiner Gelassenheit und Barmherzigkeit, die uns und anderen hilft, zu leben statt nur zu existieren. Endlich kopieren erlaubt! Völlig ohne GEMA!

KOPIE

Du bist aller Dinge
frei bei Gott durch
den Glauben,
aber bei den Menschen
bist du jedermanns
Diener durch die Liebe.

Martin Luther

13 Ent-setzen

In dem Wort „Ent-setzen" stecken die Worte „ent" und „setzen", man könnte also auch sagen: „weg vom Setzen". Oder anders: aufstehen und losgehen. Die Pharisäer waren festgesetzt: in Sicherheit, Gesetzlichkeit und Überheblichkeit. Und auch wir sind oft festgesetzt, zum Beispiel durch Bequemlichkeit.

Jesus will uns ent-setzen, will, dass wir aufstehen, dass wir endlich leben, was wir glauben, dass wir einüben, was wir singen, dass wir trainieren, was wir proklamieren, dass wir umsetzen, was wir predigen, dass wir testen, was wir beten, dass wir Erfahrungen machen (das kommt ja von „fahren", nicht von „sitzen").

Unser Glaube findet aber viel zu häufig im Sitzen statt: im Hauskreis und im Gottesdienst, im Gebetskreis und im Jugendkreis, zu Hause bei der Stillen Zeit. Wir sollen Salz der Erde und Licht der Welt sein, indem wir mit Jesus Christus verbunden sind, indem wir seine Sache zu unserer Sache machen und losgehen. Im Sitzen zu „glauben" ist einfach.

Mein Infit ist fromm, mein Outfit ist faul? Beim Lobpreis habe ich die Hände oben, aber bei Konflikten bin ich nicht bereit, dem anderen die Hand zu reichen? Mache ich auf der Kanzel schöne Worte, und zu Hause, im Umgang mit meiner Frau, meinen Kindern oder meinen Nachbarn, da spielt das Gesagte keine Rolle mehr? Singe ich von Geduld und im Supermarkt platze ich vor Ungeduld, weil die alte Frau das Geld mühsam aus dem Portemonnaie zittert? Lebe und glaube ich ganzheitlich oder nur etappenweise? Wir sollen Stadt auf dem Berge sein. Wie ist das bei uns? Glauben wir unseren Glauben oder leben wir unseren Glauben? Jesus will uns ent-setzen.

„Und es begab sich, als Jesus diese Rede (die Bergpredigt) vollendet hatte, dass sich das Volk entsetzte über seine Lehre; denn er lehrte sie mit Vollmacht und nicht wie ihre Schriftgelehrten."
Matthäus 7,28

Darum sage ich euch: Macht euch keine Sorgen um euren Lebensunterhalt, um Essen, Trinken und Kleidung. Leben bedeutet mehr als Essen und Trinken, und der Mensch ist wichtiger als seine Kleidung."

Matthäus 6,25 (Hoffnung für alle)

14) Burn-out

Es lohnt sich, Matthäus 6,24–34 zu lesen. Das beste Anti-Burn-out-Programm, das ich kenne! Zusätzlich noch ein paar Bonus-Tipps und Hilfestellungen:

- **Ein Ruhetag.** Auch wenn dein Kalender mit Terminen überquillt, achte unbedingt auf mindestens einen freien Tag in der Woche – deinen Ruhetag. An diesem Tag wird kein Computer eingeschaltet, keine Arbeit verrichtet und werden keine anderen Verpflichtungen wahrgenommen. Wenn du immer wieder Gefahr läufst, den freien Tag zu verplanen, trag einfach „Ruhe" als ganztägigen Termin in deinen Kalender ein. Durch diese bewusste Eintragung fällt das „Loslassen" von der Arbeit leichter. Am Ruhetag werden die Energietanks wieder aufgeladen.
- **Permanente Erreichbarkeit reduzieren.** Mit den heutigen Technologien (Handy, Internet) sind die meisten von uns ständig erreichbar. Es ist einfach schon zur Gewohnheit geworden. Reduziere diese Erreichbarkeit so weit wie möglich. Das ist für manche nicht so einfach, aber meistens ist es einfacher, als man glaubt. Versuch mal einen handyfreien Tag einzuplanen. Bleib mindestens einen Tag offline.
- **Ruhetag für die Flimmerkiste.** Lass den Fernseher einen Tag in der Woche aus. Nimm dir bewusst etwas vor, das dir Spaß oder Freude bereitet. Die richtige Entspannung macht's aus. Das muss nicht viel Zeit in Anspruch nehmen. Hauptsache, du gewinnst Ruhe.
- **Schlaf** – der Akku wird wieder aufgeladen. Sorge für ausreichend Schlaf. Ideal sind sieben bis neun Stunden.
- **Bewegung tut immer gut** – insbesondere dann, wenn du in deinem Beruf die meiste Zeit sitzend verbringst. Joggen, keinen Aufzug benutzen, Einkäufe zu Fuß erledigen … Wenn du am Morgen ins Büro kommst, bist du durch das Treppensteigen hellwach, der Kreislauf ist in Schwung.
- **Schaffe dir eine Rückzugsinsel**. Such dir deine Rückzugsinsel, in der Arbeit, zu Hause, wo auch immer – und wenn du dich hierfür einfach für fünf Minuten auf die Toilette zurückziehst, die Augen schließt und deinen Träumen nachhängst.
- **Soziale Kontakte sind wichtig.** Burn-out-Gefährdete ziehen sich immer mehr zurück – von ihren Freunden, von der Familie. Suche bewusst die Begegnung mit Menschen, bei denen du dich wohlfühlst, die dich aufheitern, bei denen du abschalten kannst.
- **Nimm dir deinen Genuss-Bonus.** Was sind für dich richtige Genussmomente? Ein gutes Essen, herzhaftes Lachen, ein ausgiebiges Bad mit Kerzen und einem Buch? Bau dir regelmäßig Genussmomente in deinen Alltag ein.

Bei allem nicht vergessen: Das ist nur Ponyhof, Kindergarten und Vorprogramm. Die entscheidenden Hinweise, Hilfen und Tipps findest du in Matthäus 6,24–34.

Aus einem verzagten Arsch kommt kein fröhlicher Furz.

Martin Luther

15 Haben Christen nichts zu lachen?

Seitdem Gott die Menschen erschaffen hat, scheint er nichts mehr zu lachen zu haben. Trotzdem, Gott hat seinen Humor nicht verloren. Er möchte sich freuen über seine Schöpfung. Es ist Zeit, mit einem verbissenen und freudlosen Gottesbild aufzuräumen. Wenn ich in einer Predigt einen Witz erzähle – „Im Erzgebirge hat sich vor zwei Monaten ein Bergmann bekehrt, der arbeitet jetzt im Christstollen." – und die Zuhörer lachen, sage ich manchmal: „Bitte jetzt nicht lachen, das ist eine christliche Veranstaltung!" Manche zucken peinlich zusammen, gucken mich komisch an und sind sich nicht sicher, ob ich das ernst meine.

Haben Christen denn nichts zu lachen? Muss man sich erst eine rote Pappnase aufsetzen und 10 Promille Alkohol im Blut haben (oder umgekehrt), um lachen zu können? Manchmal hätte ich Lust, im Kölner Dom oder in anderen ehrwürdigen Kathedralen einen Lachsack zu starten. Wie würden die Leute wohl darauf reagieren? Was würden die bischöflichen Aufsichtspersonen machen? Würden sie auf den Lachsack treten (den kann man ja nicht abstellen)? Würden sie sich den ganz schnell unter die Kutte packen und aus dem Dom rennen? Würden sie sich bei den Kirchenbesuchern entschuldigen?

Der Philosoph Nietzsche, ein überzeugter Atheist, hat einmal gesagt: „Die Christen müssten erlöster aussehen, wenn ich an ihren Erlöser glauben sollte." Ist ja komisch, dass wir so viel von Freude singen und gepredigt bekommen, aber so wenig davon ausstrahlen. Menschen, die gemeinsam lachen, die humorvoll sind, erleben Entspannung und strahlen das Menschsein aus, das von vielen Skeptikern ersehnt wird. Freude ist anziehend und einladend. Das Gegenteil davon ist Gesetzlichkeit, Verkrampftheit oder eine Nüchternheit, die tödlich wirkt.

Welche Grundatmosphäre herrscht in deiner Firma, zu Hause, im Hauskreis, in deinem Wohnhaus und deiner Nachbarschaft?

Das Lachen, das gute, befreiende, Luft schaffende Lachen wäscht den Staub von der Seele. Humor verbindet, schafft Nähe, überbrückt Distanz. Der Beziehungsgott macht alles, um die unterbrochene Beziehung zu uns wiederherzustellen. Er hat die Distanz von seiner unendlichen Dimension zu unserer kleinkarierten, dreidimensionalen Welt überbrückt. Er hat Nähe geschaffen, indem er selbst Mensch wurde. Viel Grund zur Freude!

Wenn Gott dich nicht erhören wollte, würde er dich nicht beten heißen ...

Martin Luther

16. Hat dir schon jemand gesagt, dass du gut aussiehst?

„Hat dir schon jemand gesagt, dass du gut aussiehst?"
„Nein."
„Wird auch keiner!"
Wir sind alle gezeichnet vom Leben. Hier ein paar Kraftausdrücke, die ich mir als Kind, Jugendlicher und zum Teil noch als Erwachsener anhören musste: Nichtsnutz – Flasche – Niete – das schaffst du doch nie – geh weg – nutzlos – lass das – Pappnase – hör auf – du taugst nix, bist nix, hast nix, kannst nix – du bringst es zu nix – du schafft es nicht – Doofmann – sage ich doch! – schwarzes Schaf – Versager – Blödmann – typisch – auf dich können wir verzichten – Arschloch – fang doch erst gar nicht an ...
Das ist Entmutigung pur, da will man am liebsten gar nicht aus dem Bett steigen. Gott dagegen ist der große Ermutiger, Tröster und Aufbauer. Was er über mich und dich denkt und sagt, kannst du in der Bibel nachlesen!

Psalm 8,6: „Was ist der Mensch, dass du dich seiner annimmst? Nur ein wenig kleiner hast du ihn gemacht als die himmlischen Wesen, mit Ehre und Würde hast du ihn gekrönt ..." (uns fehlen nur noch die Flügel).
Epheser 1,3–5: „... in ihm hat er eine Fülle geistlichen Segens über uns ausgeschüttet ... in ihm hat er uns auserwählt ... seine Söhne (und Töchter) dürfen wir sein."
Psalm 139,13–16: „Du hast mich geschaffen mit Leib und Geist, mich zusammengefügt im Schoß meiner Mutter. Dafür danke ich dir. Es erfüllt mich mit Ehrfurcht. An mir selber erkenne ich: Alle deine Taten sind Wunder ..."
Zephanja 3,17: „Der HERR, dein Gott, ist in deinen Mauern, er ist mächtig und hilft dir. Er hat Freude an dir, er droht dir nicht mehr, denn er liebt dich; er jubelt laut, wenn er dich sieht."
Jesaja 43,1: „Fürchte dich nicht, denn ich habe dich erlöst; ich rief dich bei deinem Namen; du gehörst mir."
Jesaja 49,16: „In meine Hände habe ich dich gezeichnet!"
Hebräer 3,1: „Darum, ihr gottgeweihten Brüder, Mitteilhaber der himmlischen Berufung, schaut hin auf Jesus ..."
Johannes 1,12: „Aber allen, die ihn aufnahmen und ihm Glauben schenkten, verlieh er das Recht, Kinder Gottes zu werden ..."

Darum hat uns Gott die Gemeinde gegeben, damit wir nicht allein sind im Kampf gegen den Teufel.

Martin Luther

 Wer hat schon was gegen Gartenschläuche?

Wer hat schon was gegen Gartenschläuche? Also ich nicht. Dagegen ist nichts zu sagen. Aber eigentlich kommt es doch auf das Wasser an, nicht auf den Schlauch, oder? Was nützt denn den Pflanzen der schönste Gartenschlauch, wenn kein Wasser herauskommt? Aufgabe des Schlauchs ist es, das Wasser zu transportieren. Vom Schlauch kann keiner leben, nur vom Wasser! Nicht das Wasser ist vom Schlauch abhängig, sondern umgekehrt. Wer hat schon was gegen Gemeinschaft? Also ich nicht! Dagegen ist nichts zu sagen, im Gegenteil. Aber eigentlich kommt es doch auf Jesus an, nicht auf Gemeinschaft, oder? Aufgabe unserer Gemeinden ist es, „Jesus zu transportieren". Und selbst die Gemeinschaft der Ehe hat den Sinn, Gottes Wesen widerzuspiegeln und sich nicht im eigenen Kreise zu drehen. Und auch die bekannte Bibelstelle „Nehmt einander an, wie Christus euch angenommen hat" endet mit dem Ziel „... zur Ehre Gottes". Das Ziel ist nicht ausschließlich, sich einander anzunehmen, das ist nur die Zwischenstation. Das Ziel ist immer Gott!

Wie gesagt, Gemeinschaft ist wichtig, sehr wichtig sogar, aber nicht um ihrer selbst willen. Du kannst nicht vom Schlauch leben, nur vom Wasser. Gemeinschaft alleine, ohne Jesus, macht nicht satt. Es geht um Jesus, nicht um uns.

Ein Christ soll wenig Wort und viel Tat machen.

Martin Luther

18 Ich habe keine Zeit

Bei einer meiner Straßenaktionen, die ich immer mal wieder durchführe, stelle ich mich 2 bis 3 Stunden in eine Fußgängerzone mit dem Schild: „Ich habe keine Zeit." Neulich kam währenddessen eine Frau zu mir und sagte: „Sie standen doch vor einer Stunde schon hier! Was soll das Ganze?" Und ich antworte dann, dass es eben nicht darauf ankommt, was auf meinem Schild steht, sondern auf das, was ich tue. Was ich lebe, das ist entscheidend. Auf dem Schild kann viel stehen.

Ich habe den Eindruck, dass wir oft das eine glauben und das andere leben. Gott möchte aber, dass wir das, was wir glauben, auch umsetzen, dass es Auswirkungen hat auf unseren Alltag, Wirkung zeigt in unserem Leben. Nicht, was wir glauben, ist entscheidend, sondern was wir leben.

Kommt ein Tourist in eine Kirche und sagt zum Küster: „Sie haben aber eine schöne Kirche!" Sagt der Küster: „Ja, mir schonets aber au!" Die Liebe will nicht geschont werden, sie will benutzt werden. Wir sollen mit ihr umgehen, experimentieren, sie einatmen, in ihr leben, sie einüben. „Liebe üben", auch eine Aussage, die immer wieder in der Bibel vorkommt. Liebe geschieht nicht von selbst, dazu muss ich mich entscheiden. Auch der Glaube an Jesus Christus, die Liebe in Person, will gelebt werden. Was soll sonst der Glaube für einen Sinn haben?

Die völlige Liebe treibt die Furcht aus.

Welchen Wert hat der Mensch?

Mein Herkunftswörterbuch schreibt zu Würde: „Achtung gebietender Wert, der einem Menschen innewohnt". Die Würde ist Teil meiner Persönlichkeit und unterliegt keiner menschlichen Fremdbestimmung. Das Wort „Würde" hat die gleiche Sprachwurzel wie „Wert" und „Ansehen". Wer bestimmt den Wert eines Menschen? Ist es wie bei Dingen? Ein Diamant etwa besteht nur aus Kohlenstoff und hat somit kaum einen eigenen Wert. Er hat nur den Wert, den wir ihm geben. Und wer gibt uns unseren Wert?

Immer mehr Menschen fühlen sich wertlos. Arbeitslose etwa. Wie herzlos wird mit etlichen Hartz-IV-Empfängern umgegangen. Auch Behinderte empfinden sich oft nicht wertgeachtet. Alte Menschen sind nicht der Rede wert. Und es wird noch dahin kommen, dass jede Schwangere vor der Geburt zur Untersuchung muss und nur die Kinder geboren werden dürfen, die nicht behindert zur Welt kommen. Darauf können wir uns schon mal einstellen. Behinderte, Alte und Kranke können wir uns einfach nicht mehr leisten. Weil wir alles dem Götzen Geld opfern. Die Aktienkurse müssen stimmen, da können wir doch keine Rücksicht auf Mütter oder Familienväter nehmen! Zum Glück handelt Gott anders. Bei Gott sind wir das Wertvollste. Er schuf uns sich ähnlich. Wunderbar bist du gemacht. Gott schaut nicht zu, wie wir an uns und unseren Fehlentscheidungen kaputtgehen, er möchte aus unserem Leben wieder

eine blühende Landschaft machen. Gott lässt uns die freie Entscheidung, und er nimmt uns so ernst, dass er sogar unsere Fehlentscheidung ernst nimmt. Wir haben die Würde vor Gott verspielt, aber in Jesus wendet er sich uns zu, er wendet alles auf, um uns zurückzugewinnen. Jesus liebt den Menschen bedingungslos. Und die, die ihm vertrauen, macht er zu seinen Kindern.

Es heißt, eine rechtschaffene, göttliche, ganze und völlige Liebe, die niemand verherrlicht noch sich stückelt und teilet, sondern frei gehet über alle.

Martin Luther

20 Vorsicht vor dem Bauch!

Als Mutter Teresa in Kalkutta Sterbende versorgte, sagte ihr Bauch: „Bähh, ist das widerlich!!!", aber ihr Herz und ihr Verstand sagten: „Und deshalb brauchen diese Menschen meine Hilfe!" Als Jesus am Kreuz hing, hat sein Bauch gesagt: „Mein Gott, warum hast du mich verlassen?", aber sein Herz sagte: „Ich mache es trotzdem, weil der Mensch jemanden braucht, der seine Rechnung bezahlt, seine Schuld begleicht, sein Versagen vergibt."
Wird der Begriff Liebe nicht meistens von unserem Bauchgefühl genährt, und verwechseln wir nicht täglich Liebe mit Sympathie? Die menschliche Liebe schaut zurück: Hast du dein Zimmer aufgeräumt, deine Hausaufgaben gemacht, bist du sympathisch, bist du sexy, bist du schön lieb? – dann liebe ich dich. Ich muss erst etwas leisten, bevor ich mir der Liebe anderer sicher sein kann.
Gottes Liebe ist keine „dann-Liebe", bei der ich alles Mögliche leisten muss, um „dann" endlich geliebt werden zu können. Gottes Liebe ist eine „damit-Liebe": damit ich von meinen Verletzungen geheilt werde, damit ich gegen den Strom schwimmen kann, damit ich eine ehrliche, barmherzige und starke Persönlichkeit werde, damit ich mit meinen Mitmenschen gut auskomme, damit ich mithelfe, sein Reich zu bauen.
Vielleicht kannst du damit beginnen, andere Menschen immer mehr mit der „damit-Liebe" zu begegnen und die „dann-Liebe" immer mehr abzulegen.

Wirf dein Anliegen auf den Herrn. Der hat einen breiten Hals und kann's wohl tragen.

Martin Luther

21 Selbst-Therapie

Gott weiß, wovor wir Angst haben. Er weiß, dass unser Blick oft begrenzt ist auf das, was wir im Moment sehen können. Wir leben zu stark aus dem Moment, und die Sorge frisst uns auf, blockiert uns, macht uns taub. Das ist der Grund, dass in der Bibel immer wieder steht: „Vergiss nicht die Vergangenheit", „Erinnere dich", „Vergiss nicht, was er dir Gutes getan hat", „Das ist mein Leib, der für euch geopfert ist. Und das tut zu meinem Gedächtnis". Wenn die Zukunftsangst uns packt, sollten wir beschließen, uns an die großen Taten Gottes zu erinnern.

Psalm 77,12–13: „Ich denke an deine Taten, Herr, deine Wunder von damals mache ich mir bewusst. Ich zähle mir auf, was du vollbracht hast, immer wieder denke ich darüber nach." Klingt nicht schlecht, oder? Bekommt aber eine ganz andere Bedeutung, wenn ich die Verse davor lese. In Vers 8 klagt der Beter Gott noch an: „Hat der Herr uns für immer verstoßen? Will er gar nichts mehr von uns wissen? Hat Gott vergessen, sich zu erbarmen? Von Gottes Macht ist nichts zu sehen, der Höchste tut nichts mehr für uns ..." Doch der Beter gräbt sich nicht ein in seine Depressionen. Zwar lässt er die Sorgen und Anfragen zu, aber er lässt nicht zu, dass sie sein Denken, seine Gefühle und sein Handeln bestimmen und blockieren. Er verschreibt sich sofort selbst die Therapie: „Ich denke an deine Taten, Herr, deine Wunder von damals mache ich mir bewusst ..."

Vielleicht kannst du ja mal den Psalm 105 in deiner eigenen Version schreiben, besonders dann, wenn du dazu neigst, wie die Israeliten zu handeln, nämlich Gott untreu zu werden, wenn Probleme auftauchen. Gott hat uns in der Bibel viele Versprechen gegeben. Wenn wir von Zukunftsangst und Gegenwartskonflikten gefangen genommen werden, sollten wir sie uns vor Augen halten (nicht die Konflikte, sondern die Versprechen). Er verspricht Stärke und Hilfe (Jesaja 41,10). Er verspricht uns vollkommenen Frieden – wenn wir uns auf ihn einlassen (Jesaja 26,3).

Lies mal die Seligpreisungen in der Bergpredigt. Schreib dir doch Gottes Verheißungen, seine Versprechen aus der Bibel auf kleine Zettel, bring sie doch am Computer, an der Spüle oder am Spiegel im Bad an, lerne sie auswendig, mach sie dir zu eigen, mach ein Gedicht daraus, ein Lied oder ein Bild.

Ein alter Seemann hat mal gesagt: „In einem schweren Sturm müssen wir eines tun, weil es nur einen Weg gibt zu überleben: Wir müssen das Schiff in eine bestimmte Position bringen und diese nicht mehr verlassen, komme, was wolle." Wenn die Stürme der Zukunftsangst uns auch hin und her werfen, das Erinnern hält unsere Seele in der festen Position des Vertrauens.

Die Hummel wiegt 4,8 Gramm.
Sie hat eine Flugfläche von 1,45 cm² bei
einem Flächenwinkel von 6 Grad.
Nach dem Gesetz der Aerodynamik
kann die Hummel nicht fliegen.
Aber die Hummel hält sich nicht
daran – und fliegt! Nach dem Gesetz
der Schwerkraft kann kein Mensch
über Wasser laufen. Aber Jesus hält
sich nicht an das Gesetz – und geht!

22 Widersprüche

Es gibt Leute die halten sich das ganze Leben damit auf, Widersprüche in der Bibel zu entdecken. Bertolt Brecht hat mal gesagt: „Nicht das regt mich an der Bibel auf, was ich nicht verstehe, sondern das, was ich verstehe." Vielleicht gibt es tatsächlich Widersprüche in der Bibel. Vielleicht ist aber auch einfach mein Verstand so stark eingeengt, dass ich manche Zusammenhänge nicht verstehen kann?! Einer dieser scheinbaren Widersprüche steht zum Beispiel in Philipper 2,12–13: „Liebe Brüder, ich freue mich deshalb, dass ihr immer sowohl in meiner Gegenwart wie auch in meiner Abwesenheit gehorsam wart; nun seid es weiter und tut mit Furcht und Zittern alles für eure Errettung, da Gott es ist, der nach seinem Wohlgefallen in euch das Wollen und Vollenden wirkt."

Wie denn nun, soll ich alles tun oder tut Gott alles? Verrückt, aber wahr, diese Widersprüchlichkeit hält mich lebendig und fordert mich konstruktiv heraus, weder auszurasten noch einzuschlafen.

„... tut mit Furcht und Zittern alles für eure Errettung ..." Das heißt doch, wir sind gefragt, wir müssen alles in unseren Händen Stehende tun, und das nicht locker-flockig, sondern mit allem Ernst, so, als ob es nur auf unseren Einsatz ankäme. Ich muss hellwach bleiben, hochmotiviert und total konzentriert auf meine Errettung.

Und im gleichen Satz der „Widerspruch":
„... da Gott es ist, der nach seinem Wohlgefallen in euch das Wollen und Vollenden wirkt." Das bedeutet, wir können gar nichts tun, wir brauchen gar nichts machen, weil Gott es ist, der das Wollen in uns bewirkt. Ich kann entspannen, weg vom Stress und der Hektik, ich kann ruhig bleiben. Gott macht mir überhaupt keinen Druck, sondern hilft mir, Gelassenheit einzuüben.

Genau zwischen diesen beiden Extremen findet lebendiges Christsein statt! Wenn ich zwischen diesen beiden fast widersprüchlichen Aussagen mein Christsein gestalte, zwischen Demut und Selbstbewusstsein, bleibt mein Glaube lebendig. Dann stehe ich nicht in der Gefahr eines frommen Burn-outs und auch nicht in der Gefahr, als fauler Luschi-Christ zu enden.

Unser Glaube ist schwach und doch mächtig, denn es ist ein klein Geistlein im Herzen, das heißt unaussprechlich Seufzen, und der Heilige Geist tritt dazu, der es versteht.

Martin Luther

 Zum Schlittschuhlaufen muss man geboren sein

Zum Schlittschuh laufen muss man geboren sein ... denn wer nicht geboren ist, kann auch nicht Schlittschuhlaufen. Logisch! Wenn du Schlittschuhlaufen lernen willst, musst du zuerst mal lernen, loszulassen. Und du musst lernen, hinzufallen. Stell dir jemanden vor, der sich 20 Jahre an der Brüstung festhält. Der lernt nie Schlittschuhlaufen. Klar, wenn er loslässt, kann er auf die Schnauze fallen. Aber deswegen nur am Rand stehen? Glauben ist wie Schlittschuhlaufen. Ich habe Angst, ob ich's schaffe, ob ich hinknalle? Es gibt Leute, die sagen: „Ich habe an Gott geglaubt, es hat doch nichts gebracht, bin nur hingefallen, hab nur versagt, konnte meiner Mutter und meinem Bruder nicht vergeben, bin nur hingefallen, hab nur versagt, konnte die Hälfte aus der Bibel nicht verstehen, bin nur hingefallen, hab nur versagt, habe alle meine Zweifel behalten. Der Hauskreis und der Gottesdienst konnten meine Fragen auch nicht beantworten. Ich hab's doch probiert mit Gott, es geht halt nicht. Ich hab's doch probiert, ich bin nicht der Typ zum Schlittschuhlaufen, bin zu dick, zu dünn, zu unsportlich, zu ängstlich oder was auch immer. Wenn die anderen laufen, ja, kann ja sein, dass die das besser hinkriegen als ich, aber ich bin nicht so der Typ dazu."

Und dann sehe ich Jesus auf der Eisfläche, und er ruft mir zu: „Komm mir entgegen, fass mich an, ich laufe mit dir, ich bleibe in deiner Nähe." Und dann laufe ich und falle hin. Die Leute lachen über mich. „Siehste Jesus, jetzt lachen die über mich, weil ich versagt habe. Die nehmen mich doch nicht mehr ernst." Und Jesus sagt: „Das habe ich doch schon getan." „Was?" „Ja, dich ernst genommen. Ich habe dich doch so ernst genommen, dass ich für dich gestorben bin, ich habe doch alles für dich gegeben. Damit du endlich frei wirst von dir, deinen Ansprüchen, deiner Angst vor Versagen und Nichtbeachtung. Du hast allen Grund, über dich zu lachen. Aber auch, dich zu freuen, dass ich dich in jeder Situation liebe und dir wieder aufhelfe. Du brauchst dich nicht mehr so ernst zu nehmen. Du kannst dich selbst loslassen, dann wirst du dich finden."

Es ist wie beim Schlittschuhlaufen erst, wenn du immer mehr loslässt und dich nicht nur am Rand langschlängelst, wirst du langsam lernen, ein Nachfolger zu werden.

Es wird kein Herz satt, es höre denn Christus und horche auf das Evangelium.

Martin Luther

24 Gesucht!

Gesucht ... habe ich lange nach dem wirklichen Leben. Alle haben sie mir den Himmel auf Erden versprochen. Sie versprachen mir, wenn ich erst mal den Partner des Lebens habe, dann sei ich am Ziel meines Glücks angekommen. Hat sich nicht als realistisch herausgestellt. So intensiv ich auch meinen Partner achte und liebe, er bleibt ein Mensch wie ich, mit Macken und Ecken, mit Begrenzungen und merkwürdigem Verhalten. Das große Glück ist er alleine nicht.

Meine Eltern haben mir beigebracht, lern was Anständiges, sei fleißig, und je besser du in der Schule bist, desto eher kannst du dir einen Beruf aussuchen, der dir Spaß macht und der dich im Leben weiterbringt. Weiter? Wohin eigentlich? Hat sich nicht als realistisch herausgestellt. Viele waren gut in der Schule, viele haben ihr Studium topp abgeschlossen. Als Angestellte einer großen Bank haben sie wirklich gut verdient und konnten sich viel leisten – bis sie von heute auf morgen arbeitslos wurden, weil die Bank einsparen musste (musste? nein wollte!). Sie konnten sich also nicht darauf verlassen, was ihre Eltern und Lehrer sagten: „Sei schön fleißig, dann kannst du später mal ..."
Andere wurden selbstständig mit einer kleinen Softwarefirma. Zwölf Angestellte erwirtschafteten einen guten Gewinn, und der Lebensstandard konnte ständig erhöht werden. Aber zutiefst glücklich hat es sie nicht gemacht. Denn man gewöhnt sich ziemlich schnell an den hohen Lebensstandard.

Man wird nie satt.
Man kommt mit seinen Erwartungen nicht an ein Ende, es bleibt eine Suche nach dem Glück, die in vielen Bereichen in eine Sucht ausartet. Das wirkliche Leben, das satt macht, haben sie nicht gefunden.
Ein Ex-Bankmanager berichtet: „Seit sechs Jahren bin ich jetzt Christ. Motiviert durch einen meiner Angestellten habe ich mich mit dem Thema intensiv befasst und den Entschluss gefasst, mein Leben, meine Gedanken, mein Reden und Schweigen ganz auf diesen Jesus Christus auszurichten. Und ich muss sagen, seitdem habe ich nicht mehr das Empfinden, dem Glück hinterherzurennen. Ich habe einen Sinn für mein Leben gefunden, der auch in schweren Zeiten von Krankheit und Tod, Konflikten und Streit, Zweifel und Angst trägt."

Gib dem Leibe nicht mehr Futter, denn dass ihm not ist, die Gesundheit zu erhalten, und lasse ihn arbeiten und wachen, dass der alte Esel nicht zu mutwillig werde, und aufs Eis tanzen gehe, und breche ein Bein, sondern gehe im Zaum und folge dem Geiste!

Martin Luther

25 Fasten

Vor einigen Jahren habe ich zum ersten Mal gefastet. Während der Fastenzeit habe ich auf jeglichen Alkohol verzichtet. Eine spannende Erfahrung, und so wollte ich in den nächsten Jahren weitermachen und von anderen Dingen ebenfalls fasten. Im nächsten Jahr verzichtete ich, neben Alkohol, auch auf jeden Fernsehkonsum. Es war abends noch nie so ruhig. Kein Journalist schoss mit seinen Weltkrisen und Katastrophen in unser Wohnzimmer, kein Politiker versuchte, uns von seinen Meinungen zu überzeugen, keine Information machte sich in meinem Kopf breit, der sowieso kurz vorm Informationsinfarkt stand.

Und so bekam ich Lust, jedes Jahr auf noch etwas mehr zu verzichten. Im nächsten Jahr kamen die Süßigkeiten dran, und vor zwei Jahren füllte ich mir nur ein Mal zum Mittagessen den Teller auf (und ich esse eigentlich gerne und gerne auch viel). Mir wurde in dieser Zeit bewusst: Meistens esse ich mehr, als ich müsste, nicht, weil ich noch Hunger hätte, sondern nur, weil es mir so schmeckt. Beim Trinken ist es ja oft umgekehrt, wir trinken nur, wenn wir Durst haben. Dabei sollten wir ständig viel Flüssigkeit zu uns nehmen, auch wenn wir keinen Durst haben. Im letzten Jahr bin ich dann statt um 19 Uhr um 16 Uhr aus meinem Büro gegangen. Als Selbstständiger ist das schon außergewöhnlich. Mir ist klar, dass das nicht jeder kann. Freunde mit drei quirligen Kindern schüttelten nur den Kopf. „Wir sind froh, wenn abends die Kids im Bett sind, wir Haushalt und Garten erledigt haben und wir uns noch 30 Minuten vor den Fernseher knallen und gemütlich ein Glas Wein zu uns nehmen können."

Es geht mir nicht darum, andere durch mein Fasten zu beeindrucken. Ich bin nicht besser als andere, und jeder muss seine eigene Form des Fastens finden. Aber mir macht es Freude, mich herauszufordern.

Als das Jesus hörte, fuhr er
von dort weg in einem Boot in eine
einsame Gegend allein.
Und als das Volk das hörte,
folgte es ihm zu Fuß aus den Städten.
Und Jesus stieg aus und sah die große
Menge; und sie jammerten ihn und
er heilte ihre Kranken.

Matthäus 14,13–14

26 Nichts ist unmöglich

Nichts ist unmöglich bei Toyota – und bei Gott erst recht nicht. Hat Toyota Gott eigentlich nach dem Copyright für den Slogan gefragt? Vor dem Speisungswunder der 5.000 wird in Matthäus 13 beschrieben, wie Jesus Sonntagsreden hält: über das Gleichnis vom Sämann, vom Unkraut unter dem Weizen, vom Schatz und von der Perle, vom Fischernetz. Anschließend geht er in die Synagoge und lehrt weiter. Puh, volles Programm. Aber auch bei Jesus gilt: nach getaner Arbeit ist Ruhe angesagt, auftanken, den Akku aufladen. Das hat er von seinem Vater gelernt. Der hat nach sechs Tagen Schöpfung ebenfalls einen Ruhetag eingelegt. Doch als Jesus sich zurückziehen will, laufen ihm die Menschen einfach hinterher. Und trotz seinem Bedürfnis nach Ruhe nimmt Jesus sich Zeit für die mehr als 5.000 und spricht zu ihnen.

„Am Abend aber traten seine Jünger zu ihm und sprachen: Die Gegend ist öde und die Nacht bricht herein; lass das Volk gehen, damit sie in die Dörfer gehen und sich zu essen kaufen. Aber Jesus sprach zu ihnen: Es ist nicht nötig, dass sie fortgehen; gebt ihr ihnen zu essen."

Die Jünger waren bereits eine ganze Weile mit Jesus unterwegs. Sie hatten viele Wunder erlebt. Aber trotzdem schafft Jesus es immer wieder, sie zu überraschen. Manchmal frage ich mich: Wundern wir uns noch über die Wunder Gottes? Staunen wir noch über ihn? Können wir uns noch begeistern lassen von seiner bedingungslosen Liebe und Freundlichkeit? Viele haben sich an seinen Frieden schon so gewöhnt. Entsprechend unaufgeregt ist ihr Glaube. Leben wir unser Christsein nach Vorschrift, ist es Tradition geworden?

„Sie sprachen zu ihm: Wir haben hier nichts als fünf Brote und zwei Fische. Und er sprach: Bringt sie mir her! Und er ließ das Volk sich auf das Gras lagern und nahm die fünf Brote und die zwei Fische, blickte auf zum Himmel, dankte und brach's und gab die Brote den Jüngern, und die Jünger gaben sie dem Volk."

Jesus blickte auf zum Himmel. Nicht zu den mickrigen paar Broten und Fischen. Wir blicken zu oft auf unsere Schwachheit statt auf seine Stärke, auf unsere Unmöglichkeiten statt auf seine Möglichkeiten, auf unsere Ohnmacht statt auf seine Macht, auf unser Versagen statt auf seine Barmherzigkeit. Von Jesus können wir wirklich viel lernen. Er dankte für Gottes Möglichkeiten.

„Und sie aßen alle und wurden satt und sammelten auf, was an Brocken übrig blieb, zwölf Körbe voll. Die aber gegessen hatten, waren etwa fünftausend Mann, ohne Frauen und Kinder."

Ich will meinen Mangel zu Jesus bringen. Ich will danken für Gottes Möglichkeiten, mit dem bisschen losgehen, was ich habe – learning by doing.

Bei Christus kann man Gott nicht verfehlen.

Martin Luther

27 Merkwürdig? Des Merkens würdig!

Jesus konnte sich an den beiden wichtigsten Eckpunkten des Lebens, der Geburt und dem Tod, entscheiden, ob sie geschehen sollten. Kein anderer hatte je diese Wahl, nur Jesus allein. Und was geschah zwischen seiner Geburt und der Kreuzigung? In irgendeinem mickrigen Dorf wächst er auf, wird Zimmermann, baut Häuser und Möbel. Mit ungefähr 30 Jahren hängt er seinen Job an den Nagel, zieht durch das provinzielle Galiläa und Judäa. Im Nahen Osten sammelt er Anhänger mit der kurzen und einprägsamen Nachricht: Die Herrschaft Gottes kommt!

Diejenigen, die er mit seiner Liebe und Autorität beeindruckt und für sich gewinnt, sind einfache Leute – Fischer, Handwerker und andere Randfiguren, Sünder und verhasste Zöllner. Sogar die Anhängerschaft von fragwürdigen Frauen scheut er nicht. Was seine Jünger damals nicht verstanden oder wohl nur geahnt haben, ist die Dimension von Jesu Beziehung zu seinem Vater: Jesus ist der Sohn Gottes, der auf alle göttlichen Attribute verzichtet hat, um den Menschen mit seiner Person zu zeigen, wer Gott ist.

Mehr als zweitausend Jahre ist das her. Unzählige Menschen sind gekommen und gegangen. Aber keiner war wie er.

Er hat niemals ein Buch geschrieben, keine schriftlichen Zeilen hinterlassen, aber über ihn sind mehr Bücher geschrieben worden als über jeden anderen. Er hatte kein Büro, keine Familie und kein eigenes Haus. Niemals besuchte er eine große Stadt, und er ging nie weiter als 250 km von dem Ort weg, wo er geboren wurde. Er hatte kein Beglaubigungsschreiben bei sich, nur sich selbst. Er hat keinen Krieg geführt, aber niemand hat so viele Gegner überwunden wie er.

Er war kein Arzt oder Psychologe, aber mehr Menschen bezeugen, durch ihn geheilt und verändert worden zu sein, als durch irgendjemanden sonst.

Heute, mehr als zweitausend Jahre nach seinem Tod, lebt er noch immer, verändert Leben und bringt neue Hoffnung. Was ist sein Geheimnis? Woher kommt diese unglaubliche Wirkung eines Zimmermanns aus einem staubigen Winkel des Römischen Reiches?

Es scheint so zu sein, dass er wirklich das war, was er von sich behauptet hat, nämlich Gottes Sohn. Es gibt nur zwei Alternativen, wenn ich von Jesus spreche: Entweder war er tatsächlich Gott oder er war ein Verführer, der uns mit seinen religiösen Sprüchen betrogen hat. Jemand, der von sich behauptet, die Menschheit erlösen zu wollen, kann nur ein Spinner sein – es sei denn, er hat recht. Wir machen es uns ja häufig bequem und tun ihn als Weisen ab, als Prototyp der Menschlichkeit. Aber das ist unlogisch. Das funktioniert nicht. Entweder – oder.

Das Geld macht niemanden recht fröhlich, sondern macht einen vielmehr betrübt und voller Sorgen.

Martin Luther

Wer sich auf das Falsche verlässt, ist schnell verlassen

Das Römische Reich musste abtreten, das Dritte Reich musste abtreten, der Bauern- und Arbeiterstaat der DDR musste abtreten und viele andere genauso. Wer sagt eigentlich, dass der Kapitalismus eines Tages nicht abtreten muss? Die Bibel auf jeden Fall nicht, sie prangert den Kapitalismus erstaunlich offen an. Du willst Beweise? Hier ein paar Weisheiten aus diesem uralten Buch, die auch nach Tausenden von Jahren noch immer hochaktuell sind.

Jeremia 17,11: „Wie ein Vogel, der sich über Eier setzt, die er nicht gelegt hat, so ist, wer unrecht Gut sammelt; denn er muss davon, wenn er's am wenigsten denkt, und muss zuletzt noch Spott dazu haben."

Sprüche 23,20: „Wenn du mit einem mächtigen Herrn am Tisch sitzt, dann bedenke, wen du vor dir hast! Wünsche dir nichts von seinen Leckerbissen, denn es ist trügerisches Brot. Versuche nicht, mit aller Gewalt reich zu werden, spare deine Klugheit. Schneller, als ein Adler fliegen kann, ist dein Geld plötzlich weg – wie gewonnen, so zerronnen!"

2. Mose 22,24: „Wenn ihr einem Armen aus meinem Volk Geld leiht, sollt ihr euch nicht daran bereichern. Verlangt keine Zinsen von ihm!"

Psalm 15,1–5: „Wer darf dein heiliges Zelt betreten? Jeder, der aufrichtig lebt und andere gerecht behandelt, der durch und durch ehrlich ist und andere nicht verleumdet. Jeder, der keine Wucherzinsen nimmt, wenn er Geld ausleiht, der sich nicht bestechen lässt, gegen Unschuldige falsch auszusagen. Wer so handelt, den wird nichts mehr zu Fall bringen."

Sprüche 17,16: „Was nützt das Geld in der Hand des Narren; soll er Weisheit kaufen in seinem Unverstand?!"

Prediger 5,12–15: „Etwas Schlimmes habe ich auf dieser Welt beobachtet: wenn einer seinen Besitz sorgsam hütet und ihn dann doch verliert. Nur ein misslungenes Geschäft – und schon ist sein ganzes Vermögen dahin, auch seinen Kindern kann er nichts hinterlassen. So wie er auf diese Welt gekommen ist, muss er sie wieder verlassen – nackt und besitzlos! Nicht eine Hand voll kann er mitnehmen von dem, wofür er sich hier abmühte."

Mit Geld kann man …
- ✗ eine sexuelle Beziehung herstellen, aber nicht wirkliche Liebe erfahren.
- ✗ Sicherheitsvorkehrungen schaffen, Alarmanlagen an allen Ecken des Lebens einrichten, jedoch nicht die Angst überwinden.
- ✗ Menschen gewinnen, aber keine Freunde.
- ✗ sich Informationen beschaffen, aber keine Weisheit.
- ✗ Familienmitglieder von überallher an einem Ort zusammenbringen, aber keine echte Harmonie stiften.

Worauf du nur dein Herz hängst und verlässest, das ist eigentlich dein Gott.

Martin Luther

29 Lernen – kaufen – wegwerfen

Das Leben kann man in 25-Jahres-Blöcken einteilen. Die ersten 25 Jahre geht man in den Kindergarten, in die Schule, an die Uni, in die Lehre … Nur um zu lernen, wie man in den nächsten 25 Jahren Sachen kauft: Computer, Waschmaschinen, Möbel, Autos, Häuser. Lauter Dinge, die man dann in den letzten 25 Jahren seines Lebens wegwirft, an die Kinder und andere Personen vererbt, spendet, auf den Sperrmüll wirft oder bei eBay vertickt. Wie, und das soll der Sinn des Lebens sein: 25 Jahre lernen, wie man Sachen kauft, um sie dann zu erwerben und sie am Ende dann doch alle wieder loszulassen?! Das kann doch keiner ernst nehmen, oder?

Das Einzige, das eine Ewigkeit hält, ist laut Bibel die Seele des Menschen. Wie wäre es, wir würden ab sofort verstärkt in Menschen investieren und Materie erst an die 3., 4. oder 5. Stelle setzen?!

Da kommt ein junger Mann zu Jesus und fragt ihn: „Was muss ich tun, um ewiges Leben zu bekommen?" Und Jesus sagt: „Verkaufe alles, was du hast, gib das Geld den Armen, und dann komm und folge mir nach." Wir sollen das loslassen, was uns keinen wirklichen Halt im Leben gibt. Bei dem jungen Mann war es sein Reichtum. Das kann bei einem anderen Stolz sein, Eifersucht, Verletzungen oder auch Minderwertigkeitsgefühle. Weil all das mich vom wirklichen Leben abhält.

Aber das Loslassen ist nur der Anfang. Denn dann kommt der entscheidende Satz von Jesus: „Komm, und folge mir nach!" Die Nachfolge führt uns zur Ewigkeit, Gerechtigkeit, Freude und Liebe, zum Leben und Frieden von absoluter Qualität. Das wär's doch, wenn du den ganzen Stehkrempel loslassen, diesem Jesus folgen und dann Leben mit Qualität erleben würdest, das sogar über den Tod hinaus Bestand hat.

Wir kommen mit nichts zur Welt, und wir gehen mit nichts von der Welt. Also haben wir nichts zu verlieren – oder hast du schon mal einen Möbelwagen auf dem Friedhof gesehen?

„Deshalb soll von nun an für die Verheirateten ihr Partner nicht das Wichtigste im Leben sein. Wer weint, soll sich von seiner Trauer nicht gefangen nehmen lassen, und wer sich freut, lasse sich dadurch nicht vom Wesentlichen abbringen. Wenn ihr etwas kauft, betrachtet es so, als könntet ihr es nicht behalten. Verliert euch nicht an diese Welt, auch wenn ihr in ihr lebt. Denn diese Welt mit allem, was wir haben, wird bald vergehen."

1. Korinther 7,29–31 (Hoffnung für alle)

Der innerliche Mensch ist mit Gott eins, fröhlich und lustig um Christi willen, der ihm so viel getan hat.

Martin Luther

30 Biblischer Humor

Wer glaubt, die Bibel hätte keinen Humor, den kann ich nur auf folgende Bibelstellen verweisen:

- Gottes Diätprogramm: „Er muss wachsen, ich aber abnehmen." (Johannes 3,30)
- Gottes Wellness-Programm: Wie wird man jünger? Ganz einfach: Jesus folgen, dann wird man jünger – ein Jünger Jesu!
- Vogelscheuchen im Gurkenfeld (Jeremia 10,1f.): „So spricht der Herr: Ihr sollt nicht den Gottesdienst der Heiden annehmen ... Denn ihre Götter sind alle nichts ... Sie sind ja nichts als Vogelscheuchen im Gurkenfeld ..."
- Anordnung für den Campingplatz: „Mache den Raum deines Zeltes weit und breite aus die Decken deiner Wohnstatt; spare nicht! Spann deine Seile lang und stecke deine Pflöcke fest!" (Jesaja 54,2-4)
- Gottes Frohnatur – sogar Bäume lässt er Beifall klatschen: „Berge und Hügel brechen bei eurem Anblick in Jubel aus, alle Bäume auf dem Feld klatschen Beifall ..." (Jesaja 55,12-13); „In die Hände klatschen sollen die Ströme, die Berge sollen jubeln im Chor."
- Der Zahnarztpsalm: „Tu deinen Mund weit auf! Ich will ihn füllen." (Psalm 81,11)
- Telefon-Nummer Gottes? Ganz einfach, die 50 15: „Rufe mich an am Tag der Not; dann rette ich dich, und du wirst mich ehren." (Psalm 50,15)
- Parteien-Spruch: „Seht, ihr seid nichts, euer Tun ist ein Nichts; einen Gräuel wählt, wer immer euch wählt." (Jesaja 41,24)
- Soll es Bier regnen? „Soll ich etwa den Mantel nach dem Wind hängen, soll ich lügen, dass sich die Balken biegen, soll ich prophezeien, dass es Bier und Wein in Strömen regnet?" (Micha 2,11)
- Gott ist übrigens auch der Erfinder der Spaßkultur: „Freu dich junger Mensch! Sei glücklich, solange du noch jung bist. Tu, was dir Spaß macht, wozu deine Augen dich locken. Aber vergiss nicht, dass Gott für alles von dir Rechenschaft fordern wird." (Prediger 11,9-10)
- Fischers Fritz fischt frische Fische – steht natürlich nicht in der Bibel, aber dafür: „Räuber rauben, und räuberisch raubend rauben sie." (Jesaja 24,16)
- Nix Börse & Kapital: „Müh dich nicht ab, um Reichtum zu erwerben und dabei deine Einsicht aufzugeben. Flüchtig ist er; schaust du nach ihm, ist er weg ..." (Sprüche 23,5)
- Hartes Urteil über Kunden von 1-Euro-Läden: „Wer sein Feld bestellt, wird satt von Brot, wer nichtigen Dingen nachjagt, ist ohne Verstand." (Sprüche 12,11)
- Ein Model ohne Benehmen ist wie eine Wildsau – ganz schön krass: „Ein goldener Ring im Rüssel einer Wildsau? So ist eine schöne Frau ohne Benehmen!" (Sprüche 11,22)
- Joggen ist unchristlich. In der Bibel heißt es unmissverständlich: „Nur der Gottlose rennt, wenn ihn keiner jagt." (Sprüche 28,1)

Christus trägt uns auf seinem Rücken vor den Vater.

Martin Luther

31 Jesus möchte eine ganz kleine Nummer in deinem Leben sein

Stellt man die „1" an die Spitze und fügt nach rechts hin eine Anzahl Nullen an, so wird die Summe immer größer, z. B. 1.000.000.000. Setzt man aber die Nullen nach links, sodass die „1" am Schluss steht, werden alle Nullen bedeutungslos bleiben: 0.000.000.001. Jesus möchte die Nr. 1 in deinem Leben sein. Wer ihn ans Ende stellt, bleibt eine „hoffnungslose Null". Wer ihn an die Spitze stellt, wird aufgewertet.

Was oder wer ist in unserem Leben die Nr. 1? Nehmen die Angst vor dem Kommenden und die Trauer über das Vergangene die erste Stelle in uns ein? Regieren uns die unheimlichen Sorgen um unser Lebensglück? Oder ist der Herr der Zeit die Nr. 1? Ist Jesus in unserem Leben das Wichtigste, dann können wir noch so klein und winzig, schwach und gebrechlich sein, unser Leben wird mit ihm kostbar und wertvoll, erfüllt und vollendet. Steht Christus mit seiner Liebe am Ende unserer Gedanken und Pläne, können wir noch so reich und erfolgreich, tüchtig und tatkräftig sein, es wird nichts bringen und nichts bedeuten. Wir bleiben null und nichtig.

Jesus möchte eine ganz kleine Nummer bei mir und dir sein: die Nr. 1.

Mit der Erbsünde nach der Taufe verhält es sich ebenso wie mit einer Wunde, die zu heilen beginnt. Es ist zwar in Wirklichkeit eine Wunde, aber eine, die heilt und fortlaufend den Vorgang der Heilung durchmacht, jedoch immer noch eitert und schmerzt.

Martin Luther

32 Sünde

Ich stehe mit einem weit lesbaren, an einem Stab befestigten Plakat auf der Straße: „Wenn Sie wissen wollen, wer ich bin, öffnen Sie mein Jackett." In der Innenseite meines aufgeknöpften (!) Jacketts habe ich mit einer Sicherheitsnadel einen kleinen Zettel befestigt: „Ein Sünder."

Neulich ergab sich folgendes Gespräch: „Darf ich mal gucken?" „Gerne, deshalb stehe ich ja hier!" „Wie, Sie sind Sünder, was haben Sie denn gemacht, dass Sie Sünder sind?" „Muss ich was gemacht haben, um Sünder zu sein?" „Ja natürlich, sonst wären Sie doch keiner!" „Nein, man muss doch nichts getan haben, um Sünder zu sein!" „Wieso nicht?" „Was muss ich denn getan haben, um Franzose zu sein?" „Worauf wollen Sie hinaus?" „Man kann doch nichts dafür tun, dass man als Franzose geboren wird. Ein zwei Tage altes Franzosen-Baby kann noch kein Wort französisch, war noch nie auf dem Eifelturm, hat noch keinen Rotwein getrunken, ist aber schon voll Franzose." „Und was hat das jetzt mit Ihrer Aktion zu tun?" „Nehmen Sie doch mal das Beispiel und übertragen Sie das auf Sünde. Ein zwei Tage altes Baby* hat noch keine Steuern hinterzogen, zu keinem Arschloch gesagt, keinem vors Schienbein getreten, ist aber schon 100 % Sünder."

Sünde ist ja eigentlich keine Tätigkeit, sondern von seiner ursprünglichen Bedeutung her beschreibt es einen Zustand. Ich bin getrennt von Gott. Das kann ich nicht tun. Sünde ist kein Verb. Ich kann ja auch nicht franzosen. Das, was wir Sünde nennen (Betrug, Diebstahl, Mord, Neid ...), ist eigentlich die Auswirkung der Sünde, d. h. der Trennung von Gott. Es gibt in den neuen Bundesländern einen Ort an der Ostsee, in dem das Wort „Sünde" versteckt ist: Stralsund. Da kommt das Wort Sund vor, was so viel heißt wie „vom Festland getrennt". Wir Menschen sind von Gott getrennt, leben auf unserer kleinen Insel, und daraus resultiert dann das, was wir eigentlich immer Sünde nennen, streng genommen aber keine Sünde ist.

„Seit mein Leben im Leib meiner Mutter begann, liegt Schuld auf mir; von Geburt an bestimmt die Sünde mein Leben." Psalm 51,7

*In jeder Person steckt das Potenzial zum Bösen es ist eine Frage der Zeit, wann es aufbricht.

Gottes Wort ist kein Lese-, sondern ein Lebewort. Man muss es sich so einbilden, dass schier eine zweite Natur daraus wird.

Martin Luther

33 Weisheit

In dem biblischen Buch der Sprüche finden wir jede Menge Tätigkeitsworte, die zu guten Eigenschaften werden: hören, befolgen, nimm zu Herzen, achte, ringe, suche ... dann wirst du Weisheit erlangen, Urteilskraft, Wissen, Besonnenheit und Freude. Aus der Einsicht und den daraus resultierenden Handlungen werde ich Weisheit gewinnen. Das ist die Aussage. Es geht nicht darum, einfach vor sich hin zu leben. Sondern es geht darum, aus dem Gehörten und Gelesenen Konsequenzen zu ziehen. Die Sprüche pro-vozieren. Da steckt „Ärger" drin, sie wollen herausfordern. Aber sie sind auch „pro": Gott ist für uns, er will uns wach machen. Weisheit stellt sich nicht von selbst ein, auch nicht durch Lebenserfahrung. Weisheit zu gewinnen kann auch wehtun das ist keine Eventveranstaltung, das ist auch kein gemütliches Beisammensein. Wer nur auf Schmerz- und Leidvermeidung aus ist, wird nie weise. Du wirst keine starke Persönlichkeit am Strand von Mallorca, sondern wenn du gelernt hast, schwierige Situationen zu meistern und Rat und Korrektur anzunehmen.

Sprüche 2,1–11 und 20: „Mein Sohn, höre auf mich, und befolge meine Ratschläge!" Ist nicht oft unsere Reaktion auf solche Aussagen: Wer bin ich denn, dass ich mir was sagen lassen muss?

„Nimm dir die Lebensweisheiten zu Herzen, die ich dir weitergebe, achte auf sie, und werde klug!" Wir sollen intelligent werden!

„Ringe um Verstand und Urteilskraft, suche danach voller Eifer wie nach einem wertvollen Schatz!" Da muss ich kämpfen und suchen. „Suchen" heißt, ich muss aktiv werden, Initiative ergreifen, finden geschieht passiv.

Und jetzt kommt's: Wenn ich höre, befolge, achte, ringe, suche – dann ... „dann wirst du Gott immer besser kennen lernen und Ehrfurcht vor ihm haben. Er allein gibt Weisheit, und nur von ihm kommen Wissen und Urteilskraft. Aufrichtigen Menschen verleiht er Glück; er hilft allen, die offen und ehrlich sind." Es geht bei den Sprüchen nicht darum, perfekt zu werden, aber aufrichtig und offen. Weise sein heißt nicht, fehlerlos zu sein, aber ehrlich, authentisch, echt.

„Wer andere gerecht behandelt und Gott verehrt, steht unter seinem Schutz." Hier geht es darum, ganzheitlich zu leben – horizontal und vertikal – Menschen gerecht zu behandeln und Gott zu verehren.

„Mein Sohn, wenn du auf mich hörst, wirst du vertraut mit dem, was richtig, gerecht und gut ist. So kannst du ein Leben führen, das Gott gefällt." Hier geht es um Ohr, Herz und Hand. Hören (Ohr), sich vertraut machen (Herz), ein Leben führen (Hand und Fuß), und das alles hat Weisheit zur Folge.

„Du erlangst Weisheit und lernst, das Leben zu meistern; darüber wirst du dich selbst am meisten freuen." Denn Weisheit wird in dein Herz kommen, und die Erkenntnis wird dich mit Freude erfüllen.

Wenn diejenigen, so im Lehramt sind, nicht daher Freude und Trost haben, dass sie gedenken an den, der sie berufen und gesandt hat, so ist's Mühe genug mit ihnen.

Martin Luther

34 Ich bin nicht gerne in die Schule gegangen!

Ich bin nicht gerne in die Schule gegangen! Weil ich Schule mit Druck und Enge verbunden habe, mit Stress und Strafe. Genau das Gleiche haben Menschen mit Kirche und Christen erlebt: Druck und Enge, keine Freude. Dabei sagt Gott doch häufig: „Friede sei mit dir", was u. a. so viel heißt wie „entspann dich".

Ich bin religiös und sehr streng erzogen worden. Meine Eltern waren meine ersten Lehrer. Sie haben mich gelehrt, dass ich Gott gehorchen muss. Punkt. Aus. Und das hatte mit Anstrengung zu tun. Da steckt ja das Wort „Strenge" schon drin. Mit 16 Jahren habe ich in einer Jugendherberge Christen kennengelernt, die mir einen ganz anderen Gott vorgestellt haben. Ihr besonderes Kennzeichen war Freude.

Zuerst war ich irritiert. Aber auch neugierig. Nach einem längeren Gespräch und vielen Fragen habe ich mich damals entschieden, diesem Mensch gewordenen Gott, diesem Jesus, zu vertrauen. Habe ihn in mein Herz gelassen, in meine Denk-, Fühl- und Handlungs-Zentrale. Ich habe mich damals entschieden, in seine Schule zu gehen.

Jesus war ein Rabbi, ein Lehrer, und zur damaligen Zeit war es üblich, dass der Schüler, der Jünger, zuallererst die Nähe seines Meisters sucht. Der Schüler hatte sich bei seinem Lehrer aufzuhalten, von ihm zu lernen, mit ihm zu gehen, in seiner Nähe zu sein. Dranbleiben am Rabbi. Dranbleiben, wie ein Kind an der Mutter und am Vater dranbleibt, um von beiden leben zu lernen. Echtes Leben können wir uns nur von Jesus abgucken. Learning by doing, abgucken, kopieren! Jesus ist Vorbild für Liebe, Friede, Gerechtigkeit.

Jesus ist ein guter Lehrer, der nicht wie ein geölter Blitz vorneweg rast und dem ich dann mit hängender Zunge hinterherlaufen muss. Er passt sich meinem Schneckentempo an. Keiner kennt mein Potenzial und meine Begrenzungen so gut wie er. Weil er fair ist, vertraue ich ihm. Zwischen seiner Barmherzigkeit und seiner Klarheit eingebettet zu sein, lässt mich fröhlich glauben. Er ermahnt mich, wenn ich meine Meinung mit seinem Willen verwechsele er korrigiert mich, wenn ich aus der Spur komme er motiviert mich, aktiv zu werden, in mich zu gehen, zur Ruhe zu kommen, bei ihm aufzutanken, mich von ihm trösten zu lassen, ihn zuanbeten.

Ich bin jetzt fast 50 Jahre in der Schule Jesu. Und ich gehe gerne in seine Schule.

Es ist auf Erden kein besser List,
Denn wer seiner Zungen ein Meister ist.
Viel wissen und wenig sagen,
Nicht antworten auf alle Fragen.
Rede wenig und mach's wahr,
Was du borgest, bezahle bar.
Lass einen jeden sein, was er ist,
So bleibst du auch wohl, wer du bist.

Martin Luther

35 Das kleine und das große ABC

Als Kind Gottes ist Gebet wie jeden Tag zu Hause anzurufen.

Bei schlechter Beleuchtung vermag sich auch der Teufel das Aussehen eines Engels zu geben.

Christliche Werte werden zunehmend kriminalisiert.

Drei Bekehrungen gibt es also, sagt Martin Luther: des Herzens, des Verstandes und des Geldbeutels. Erst wenn der Geldbeutel von ihr erfasst ist, ist die Bekehrung vollständig.

Erzähl Gott nicht, wie groß deine Probleme sind, erzähl deinen Problemen, wie groß Gott ist.

Für Gnade gibt es keinen Grund.

Gott, vergib mir meine Schuld, meine Gläubiger weigern sich.

Himmel vorhanden, Engel gesucht, dich gefunden.

Im Himmel gibt's kein Deutschland, nur Heiland.

Jesus ist ein Enttäuschungskünstler.

Kirche ist die einzige Vereinigung in der Welt, die zum Wohlergehen ihrer Nichtmitglieder besteht.

Lieber Gott, lass viel Gras wachsen, denn die Rindviecher werden immer mehr.

Mein Ich weiß alles besser, aber ich will mich immer mehr von dem wirklichen Besserwisser Jesus korrigieren lassen, auch wenn ich mal wieder alles besser zu wissen meine.

Nur echte Engel sind schwindelfrei.

Ob man Atheist ist, kann man erst auf den letzten Metern sagen.

Paradies heißt ewige Gegenwart Gottes.

Quantenphysik zu verstehen ist so ähnlich, wie Gott verstehen zu wollen.

Reicht dir das Leben eine Zitrone, mach eine Limonade daraus!

Stell dir vor, du bist Christ, und keiner merkt's.

Teufel, willst du mich fressen, fang hinten an.
(Martin Luther)

Unterschied zwischen Gott und einem Computer: Der Computer verzeiht dir keine Fehler!

Viele dienen gerne Gott – aber nur als Berater.

Wer in den Himmel will, muss erst mal sterben.

X steht in der Mathematik für „beliebige Zahl einsetzbar" – wurde deshalb aus Christmas jetzt immer mehr X-Mas?!

Yoga ist eine asiatische Methode der Meditation, um die Seele vom Diesseitigen zu lösen. Die Ungerechtigkeit in dieser Welt benötigt aber himmlische Methoden, die Seele in das Diesseitige einzubringen.

Zufall ist das Pseudonym, das der liebe Gott wählt, wenn er inkognito bleiben will.
(Albert Schweitzer)

Ich wünsche dem Krieg, dass er endlich ein- und ausgeht.

Dann wär zwar noch kein Frieden, aber auf jeden Fall schon mal kein Krieg

Ich wünsche ...
★ dem Krieg, dass er eingeht wie eine Pflanze, die kein Wasser mehr bekommt;
★ den Gewehren, dass sich ihre Abschuss-Riegel verklemmen;
★ der Rüstungsindustrie, dass sie Konkurs macht;
★ den Generälen, dass sie arbeitslos werden;
★ den Computer-Strategen einen Virus;
★ den Stahl-Türen der Kommando-Bunker, dass sie klemmen;
★ den Maschinengewehren, dass sie verrosten;
★ ein naturwissenschaftliches Wunder: dass sich die Atome nicht mehr spalten lassen;
★ den Teller-Minen, dass sie sich in Suppen-Teller verwandeln;
★ den Zielrohren, dass sie blind werden;
★ den Antennen der Funkgeräte, dass sie abbrechen;
★ den Düsen der Jäger, dass sie verstopft sind;
★ den U-Booten, dass sie undicht werden;
★ den Raketen-Werfern, dass man sie so hoch wirft, dass keiner mehr drankommt;
★ den Militärstrategen so viel Streit über den Einsatzzeitpunkt, dass sie vor lauter Diskussionen darüber nicht zum Einsatz kommen;
★ den Soldaten einen vollen Terminkalender mit Zahnarztterminen, Werkstattbesuchen für ihr Auto, Elternsprechabenden, Geburtstagsfeiern, sodass sie keinen freien Termin mehr für den Krieg finden;
★ dem Radar eine Falle;
★ den Militärbehörden einen Stromausfall;
★ den Notstromaggregaten Not;
★ der Preisentwicklung militärischer Güter eine solche Preissteigerung, dass kein Militärhaushalt sie mehr bezahlen kann;
★ dem Lager für Schwarzpulver einen Wasserschaden;
★ den chemischen Kampfstoff-Laboren, dass sie ihre chemischen Formeln verlegen und nicht wiederfinden;
★ den Militärwissenschaftlern einen Blackout;
★ den Zelten Stockflecken;
★ den Tarnnetzen, dass sie schamrot werden;
★ jeder Patrone einen Schutzpatron, der dafür sorgt, dass die Patrone geschützt und nicht kaputt gemacht wird;
★ dass aus Soldatenfriedhöfe Kinderspielplätze werden;
★ dass aus Militärparaden Modeshows werden;
★ den Militärbetten, dass man darin nicht ruhig schlafen kann;
★ dass aus Militärkrankenhäusern Freizeit- und Vergnügungsparks werden;
★ dass der Stacheldraht für Biotope benutzt wird;
★ der Selbstschussanlage, dass sie sich selbst beschießt;
★ den Soldaten eine Schwarzpulver-Allergie;
★ dem gesamten Militär eine Bunkermentalität, möglichst nicht rauszukommen

Gott hat das Leben lieb, der Teufel hat den Tod lieb.

Martin Luther

37 Halloween – den Horror feiern?

Seit Jahren macht sich in Deutschland die Lust am Gruseln breit: Halloween, ein „Fest" am 31. Oktober. Dann gibt es Kürbisfratzen und Gespenster-Laternen, Partys mit Vampir-Verkleidungen und allerlei Grusel. Halloween hält Einzug. Was es mit Halloween wirklich auf sich hat, darüber machen sich offenbar die wenigsten Gedanken. Es sind nicht nur Eltern oder Erzieher, die vor der Frage stehen: Woher kommt Halloween eigentlich? Was hat es mit diesem gruseligen Spaß an Tod, Geistern, Vampiren und Horror auf sich?

Die einen führen dieses Fest direkt auf Praktiken der Germanen zurück, auf deren Okkultismus und Aberglauben. Andere behaupten, Halloween sei nur eine Erfindung der Unterhaltungsindustrie, und manch einer hat sich noch überhaupt keine Gedanken gemacht, was hinter den Kürbisfratzen und Vampirkostümen stecken könnte. Wussten Sie, dass Halloween die Zeit des Jahres ist, in der die höchste Anzahl an satanisch-okkulten Ritualverbrechen stattfindet? Ich bin kein Spielverderber, im Gegenteil. Aber der dunkle Hintergrund der lichten Kürbisköpfe ist viel zu ernst, als dass ich darüber lachen könnte. Halloween ist nicht nur eine Mode unserer Event-Gesellschaft, nicht nur Geschäftemacherei zwischen Sommerangeboten und Weihnachtsware, sondern bitterer Ernst. Weil ich ein Freund von Spaß und Lebensfreude bin (manche nennen mich ja auch E-fun-gelist), halte ich nichts von der Lust am okkulten Gruseln. Wie wäre es, du würdest deine Kinder neu motivieren, Freude am Leben, an der Schöpfung, an Spiel und Spaß und auch an Gott zu haben?

Martin Luther (das ist der, der meistens so grimmig guckt) hat am Tag vor Allerheiligen 95 Thesen an der Schlosskirche zu Wittenberg angebracht (das sollte sich heute mal einer wagen!) mit der Botschaft: Wir brauchen unsere Schuld, unser Versagen, nicht selbst zu bezahlen, Jesus Christus hat sich eine Lösung ausgedacht. Eine Auslösung der Schuld. Wer daraus lebt, kann wieder durchatmen, auflachen, tanzen und singen, kann den feiern, der das Copyright auf Freude und Leben hat: Gott persönlich. Da brauche ich kein Halloween mehr.

Und so vollendete Gott am siebenten Tage seine Werke, die er machte, und ruhte am siebenten Tage von allen seinen Werken, die er gemacht hatte. Und Gott segnete den siebenten Tag und heiligte ihn.

38 Urlaub

Ist in der Bibel eigentlich von Urlaub und Ferien die Rede? Nein, natürlich nicht! Das sind schließlich Begriffe, die man zur Zeit der Bibel überhaupt nicht kannte. Aber dennoch ist von einer Zeit des Ausruhens die Rede, schon im Schöpfungsbericht auf den ersten Seiten der Bibel: „Und so vollendete Gott am siebenten Tage seine Werke, die er machte, und ruhte am siebenten Tage von allen seinen Werken, die er gemacht hatte. Und Gott segnete den siebenten Tag und heiligte ihn." (1. Mose 2,2) Von Beginn an wird auf eine Zeit des Ausruhens Wert gelegt, eine sehr weise und vernünftige Entscheidung, denn keiner kann immer nur arbeiten. Was macht man denn, wenn man ausruht? Das kann ganz unterschiedlich aussehen: Wer viel mit Menschen zu tun hat, der freut sich vielleicht über einen ruhigen Urlaub; ein anderer, der viel im Büro sitzt, wird sich eher bewegen, viel draußen an der frischen Luft sein wollen. Wer stark reglementiert ist in seiner Arbeit, mag dann eher das ungezwungene In-den-Tag-hinein-Leben. Wer nur mit Stress, Ärger und Konflikten zu tun hat, freut sich vielleicht, mal so richtig durchlachen zu können. Wer keine geistliche Heimat hat und in seiner Gemeinde selten auftanken kann, kann sich geistliche Nahrung beschaffen.
Es gibt so viele unterschiedliche Möglichkeiten, einen Kontrapunkt zum Alltäglichen zu setzen! Ich denke, dass genau das in dem biblischen Text gemeint ist, für eine gewisse Zeit aus dem Alltag zu fliehen, sei es durch aktives Tun oder durch schlichtes Nichtstun!
Allerdings sollte man sich mit seinen Ansprüchen an den Urlaub nicht überfordern, sonst kann man schnell frustriert sein und hat nichts von der Zeit der Erholung. Übrigens, man kann seinen Urlaub auch wunderbar zu Hause verbringen, es muss nicht die Reise an ferne Orte sein! Das wirklich Entscheidende ist der Unterschied zum Alltag, das fängt auch schon mal mit dem Abschalten des Handys an, oder damit, dass man nicht die E-Mails liest. Man kann einen Ausflug machen oder ein Konzert besuchen, Dinge, für die man sonst keine Zeit hat oder sie sich nicht nimmt. Alltag und freie Zeit – zwei Bereiche, die uns vom Schöpfer vorgegeben sind. Denn in sechs Tagen erschuf Gott die Welt, und am siebenten ruhte er. Und sein Sohn Jesus Christus hat auch immer wieder die Ruhe und das Alleinsein gesucht. Warum sollten wir es anders machen?

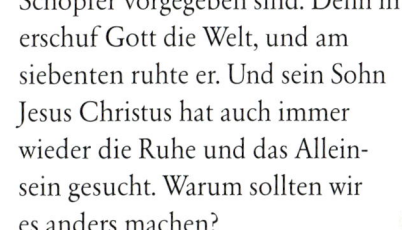

Denn wir Deutschen sind solche Gesellen: was neu ist, da fallen wir auf und hängen daran, wie die Narren, und wer es uns wehrt, der macht uns nur toller drauf; wenn aber niemand wehrt, so werden wir's bald satt und müde, gaffen darnach auf eine anderes Neues.

Martin Luther

Ausländer raus und Deutsche rein?

Der Chinese und Grieche an der Ecke, Kakao, McDonalds, Beatles, Adele, Benzin, Kautschuk – alles raus? Wiener Würstchen raus und nur noch deutsche Blutwurst; Pizzas raus und nur noch Kasseler; türkischer Kebab raus und nur noch deutsche Schweinshaxe; Schweizer Käse raus und nur noch deutscher Harzer Roller; französischer Rotwein raus und deutsches Kölsch rein; Coca-Cola raus und deutscher Sprudel rein; englischer Tee raus, deutscher Kamillentee rein; indischer Tee raus, deutscher Hagebuttentee rein; französische Crêpes raus und deutschen Streuselkuchen rein; Adele raus und nur noch deutsche Volksmusik; amerikanische Kaugummis raus und nur noch deutsche Halsbonbons; Ölheizung raus und deutsche Kohleöfen wieder einbauen; holländischer Gouda raus und deutscher Schmelzkäse rein; Bermudas aus und deutsche Lederhose an; T-Shirts raus, deutsche Unterhemden rein. Das kann doch keiner ernst meinen, oder?!

Denk mal darüber nach: Falls du heute Morgen gesund aufgewacht bist, bist du glücklicher als eine Million Menschen, die die nächste Woche nicht erleben werden. Falls du nie den Kampf des Krieges erlebt hast, nie die Einsamkeit durch Gefangenschaft, den Todeskampf des Gequälten oder Hunger, dann bist du glücklicher als 500 Millionen Menschen der Welt.

Falls du ohne Angst in die Kirche gehen kannst, dass man dich verhaftet oder dich umbringt, bist du glücklicher als drei Milliarden Menschen der Welt. Falls sich in deinem Kühlschrank Essen befindet, du angezogen bist, ein Dach über dem Kopf und ein Bett zum Hinlegen hast, bist du reicher als 75 % der Einwohner dieser Welt. Falls du ein Konto bei einer Bank hast, etwas Geld im Portemonnaie und etwas Kleingeld in einer kleinen Schachtel, gehörst du zu den 8 % der wohlhabendsten Menschen auf dieser Welt – und bist wahrscheinlich ein Deutscher.

Du bist aller Dinge frei
bei Gott durch den Glauben,
aber bei den Menschen
bist du jedermanns Diener
durch die Liebe.

Martin Luther

40 Keine Einbahnstraße

Gott hat sich die Unterschiedlichkeit von Menschen einfallen lassen. Er wollte, dass wir uns gegenseitig ergänzen! Wir stehen in der Gefahr, alles auf einen Nenner bringen zu wollen: dass alle so denken, wie wir es tun, so handeln, wie wir handeln, so beten, wie wir beten, so … Wir können aber auch lernen, großzügig zu sein, großzügig zu denken. Wir sollten einander genießen. Weil keiner „ganz" ist, brauchen wir uns gegenseitig zur „Ergänzung". Das kann dazu führen, dass ich mich nicht mehr über die Andersartigkeit des anderen ärgere, sondern sie als Bereicherung verstehen lerne: „Toll, dass der schneller ist als ich!", „Super, dass die so langsam ist und nicht so hektisch wie ich!", „Klasse, dass die so intelligent ist!", „Schön, dass der so warmherzig ist" usw.

Interessant ist, wie oft in der Bibel das Wort „einander" vorkommt: einander tragen (Epheser 4,2); einander ertragen (Kolosser 3,9 und 13); einander gegenseitig zurechthelfen (Römer 15,5); einander nicht richten (Römer 14,13); einander in Ehrerbietung zuvorkommen (Römer 12,10); einander trösten und fördern (1. Thessalonicher 5,11); einander achten (Philipper 2,3); einander herzlich lieben (1. Petrus 4,9); einander Sünden bekennen (Jakobus 5,16); einander Lasten tragen (Galater 6,2).

Denn auf dieser Erde gibt es keine Stadt, in der wir für immer zu Hause sein können. Sehnsüchtig warten wir auf die Stadt, die im Himmel für uns erbaut ist.

Hebräer 13,14

41 Betreutes Wohnen

Es ist schon verrückt! Immer wieder denken wir, dass das Leben doch bald beginnen muss. Aber immer gibt es irgendein Hindernis auf dem Weg, immer irgendeine Prüfung, die zu bestehen ist, irgendeine Arbeit, die noch erledigt werden muss, irgendeine Rechnung, die noch zu bezahlen ist. Dann geht es endlich los.
Aber das ist Unsinn. Hör auf, zu warten, dass die Ferien anfangen, dass du die Prüfung bald bestanden hast, dass du dein eigenes Geld verdienst, dass du einen tollen Partner findest, dass dein Kredit abbezahlt ist, dass du bald Rentner wirst; warte nicht auf den Frühling, den Sommer, den Herbst, den Winter, dass sie dein Lied im Radio spielen …
Wir werden auf dieser Welt niemals endgültig ankommen. Deshalb ist es wichtig, zu wissen, wo wir eigentlich zu Hause sind: bei Gott! Wo suchst du Geborgenheit? Wer ist dein Lebensfundament, wer ist dein Ziel? Gott möchte dein Zuhause sein. Er will dein Halt im Leben sein. Von ihm darfst du alles erwarten.

„‚Seid nicht bestürzt, und habt keine Angst!', ermutigte Jesus seine Jünger. ‚Vertraut Gott, und vertraut mir! Denn im Haus meines Vaters gibt es viele Wohnungen. Sonst hätte ich euch nicht gesagt: Ich gehe hin, um dort alles für euch vorzubereiten.'"
Johannes 14,1–2

Dasselbe sagt schon die Heilige Schrift:
Es gibt keinen, auch nicht einen
Einzigen, der ohne Sünde ist.
Es gibt keinen, der einsichtig ist und
nach Gott fragt. Alle haben sich von ihm
abgewandt und sind dadurch für Gott
unbrauchbar geworden. Da ist wirklich
keiner, der Gutes tut, kein Einziger.

Römer 3,10–12   (Hoffnung für alle)

42 Belohnung

Belohnung ... das erwarten sich manche für ihr gutes Leben. Sie glauben, dass sie doch einigermaßen o.k. sind, keinen umgebracht, keinen bestohlen haben und mit den Mitmenschen so weit gut auskommen. Sie denken, Gott wird sie sicher belohnen für ihren guten Umgang mit ihren Arbeitskollegen und Nachbarn.

Bis ihnen irgendwann mal in einer stillen Minute klar wird, dass Gott keinen Hauch von Negativem akzeptieren kann. Wo sollte er denn ganz konkret den Schnitt machen und sagen: „Da kann ich noch ein Auge zudrücken, da nicht?"

Mir ist bewusst, dass Gott auch meine tiefsten Gedanken von Rache und Eifersucht kennt und dass ich äußerlich zwar ein ganz umgänglicher Typ bin, aber in meinem Inneren doch viel Missgunst, Geiz, Neid und andere negative Eigenschaften rumoren. Also mit Belohnung war nix, eher mit Strafe? Und dann höre ich davon, dass

Jesus die Strafe für unser Verhalten und Denken auf sich genommen hat. Er hat die Rechnung bezahlt, die wir hätten zahlen müssen. Wie gut!

Wer im zwanzigsten Jahr
nicht schön,
im dreißigsten Jahr
nicht stark,
im vierzigsten Jahr
nicht klug,
im fünfzigsten Jahr
nicht reich ist,
der darf danach nicht hoffen.

Martin Luther

43 Ich tue mir selbst einen Gefallen

Die Liebe zu Gott beinhaltet, dass ich seine Wege gehe, seine Gedanken denke, ihm gehorche, auf ihn horche, auf ihn höre, weil ich ja ihm gehöre und seinen Willen tun will. Ich will Gottes Gebote beachten – gar nicht so sehr, weil ich muss, sondern weil ich mir damit selbst einen Gefallen tue: „Darum achtet ernstlich darauf um euer selbst willen, dass ihr den HERRN, euren Gott, lieb habt." (Josua 23,11) Gott hat doch nichts davon, wenn ich die Gebote halte! Um unserer selbst willen hat er sie uns gegeben. Und langweilig sind sie auch nicht. Ganz im Gegenteil: Das ist Abenteuer pur, da heißt es, gegen den Zeitgeist zu leben.

Was will Gott eigentlich von uns? Nur ein paar Impulse: „Ich will mich nur umso mehr meiner Schwachheit rühmen, damit die Kraft Christi bei mir Wohnung nehme. Darum bin ich freudigen Mutes in allen Schwachheiten, ebenso in Notlagen, Verfolgungen und Bedrängnissen, die ich für Christus durchleiden muss. Denn wenn ich schwach bin, dann bin ich stark." (2. Korinther 12) Ich muss nicht stark werden, sondern lernen, schwach zu werden! Das heißt Gott zu lieben.

Manche kennen ja die Weight Watchers, die Gewichtsbeobachter. Gott hat auch ein Diätprogramm „God watchers – Gottes Beobachter": „Er muss wachsen, ich aber muss abnehmen. Christus soll immer wichtiger werden, und ich will immer mehr in den Hintergrund treten." (Johannes 3,30) Das einzuüben, das heißt Gott zu lieben.

„Danach sprach Jesus zu seinen Jüngern: ‚Wer mir nachfolgen will, darf nicht mehr sich selbst in den Mittelpunkt stellen, sondern muss sein Kreuz auf sich nehmen und mir nachfolgen.'" (Matthäus 16, 24) Das einzuüben, das heißt Gott zu lieben.

„Wenn ihr euch nicht ändert und so werdet wie die Kinder, kommt ihr nie in Gottes neue Welt. Wer aber so klein und demütig sein kann wie ein Kind, der ist der Größte in Gottes neuer Welt." (Matthäus 18,4) Das einzuüben, das heißt Gott zu lieben.

„Schließlich, Brüder: Was immer wahrhaft, edel, recht, was lauter, liebenswert, ansprechend ist, was Tugend heißt und lobenswert ist, darauf seid bedacht!" (Philipper 4,8) Alles das und noch mehr ist sein Wille. Das einzuüben, das heißt Gott zu lieben.

Und das hat alles überhaupt nichts mit Druck zu tun, das haben wir Christen nur oft daraus gemacht. Gott macht uns mit seinen Maßstäben keinen Stress, im Gegenteil, weil er das Leben besser kennt als wir, es von vorne und von hinten sieht, will er uns bewahren vor dem Untergang. Gottes Maßstäbe sind wie ein Geländer, an dem wir uns festhalten können. Gott will uns entlasten mit seinen Geboten, aufrichten, wach machen für seine Güte und Liebe. Er trägt uns, erträgt uns, macht uns stark. Er ist ein guter König und Vater. Der Glaube basiert auf einer Liebesbeziehung und Lebensgemeinschaft mit Gott, nicht auf Leistung.

Die Freude ist der Doktorhut des Glaubens.

Martin Luther

 Die kürzeste Predigt im Neuen Testament

Die kürzeste Predigt im Neuen Testament hast du schon tausend Mal gehört (und es ist vielleicht nichts passiert). Finden kannst du sie gleich am Anfang, in Lukas 2,10–12, in der Weihnachtsgeschichte: „Und der Engel sprach zu ihnen: Fürchtet euch nicht! Siehe, ich verkündige euch große Freude ..."

Gott kommt nicht mit einer Fliegenklatsche und sagt: „Jungs, jetzt räum ich auf! In Dreierreihen anstellen! Wenn ihr in den Himmel wollt, dann reißt euch zusammen!" Nein, er kommt angstfrei: „Fürchtet euch nicht." Auf neudeutsch: „Be cool, Baby, ich bin bei euch, keine Panik auf der Titanic!" Er lässt erst mal Freude verkünden.

Und nicht nur denen, die es eh schon gewohnt waren, oben an der Festtafel zu sitzen, denen, die ihre Sklaven zum Bedienen hatten, sondern dem „ganzen Volk", auch dem Fußvolk, denen ganz unten. Und gleich im Anschluss an die Verkündigung der Freude kommt der größte Knaller, der verrückteste „Witz" in der ganzen Bibel: „Und das habt zum Zeichen: Ihr werdet finden das Kind in Windeln gewickelt und in einer Krippe liegen."

Windeln als Erkennungszeichen für Gottes großen Auftritt auf diesem Globus? Wenn's wenigstens ein roter Teppich gewesen wäre, Fanfaren oder ein kleines Feuerwerk! Aber nein, ganz einfach peinliche Windeln.

Das alles kann nur der größte Witz der Weltgeschichte sein, oder es steckt wirklich Gott dahinter, der sich nicht ansatzweise vom Zeitgeist bestimmen lässt, von den Medien und davon, was die Leute, die Nachbarn und die Arbeitskollegen sagen.

Wenn ich diesen Gott als Schrittmacher im Herzen, als Herrn in meinem Rückgrat, als Maßstab in meinem Kopf, als Tröster in meinen Verletzungen und als Freund im Himmel habe, dann gibt's nichts auf die Mütze, sondern was auf die Lachmuskulatur. Freude ist angesagt, Hoffnung, Dankbarkeit, Ermutigung, Barmherzigkeit und Motivation zum Leben!

Eine Eigenart der Freude ist übrigens die, dass sie raus will zu anderen, dass sie sich nicht in meinem Bauch verstecken muss. Raus damit, andere anstecken mit Gottes großer Freude, das wäre was!

Offen gesagt

Mem würden Sie gerne einmal eine Woche tauschen – und sei es nur zum Spaß? Warum?
Mit dem ex-VW-Manager Winterkorn. Mich würde interessieren, was sein privates Umfeld zu ihm und dem aufgedeckten Skandal sagt. Welche Vorkehrungen er trifft, wie es ihm gefühlsmäßig geht, ob er sich noch auf Partys, in Geschäfte, auf die Straße etc. traut?

Können Sie sich noch erinnern: Wie sind Sie Christ geworden?
Einen ganzen Tag lang habe ich mit einem Christen diskutiert, ob es Gott gibt, wie man Christ wird, ob man da wieder aussteigen kann, wenn es einem auf Dauer zu peinlich wird. Er meinte, ich könnte jederzeit wieder aussteigen. Dann bin ich das Risiko eingegangen und konnte nicht ansatzweise ahnen, was diese Entscheidung mit sich brachte. Leider ist hier nicht genügend Platz, über die positiven und überraschenden Folgen zu berichten. Ich habe es die ganzen 50 Jahre bisher nicht ein Mal bereut. Von Christen bin ich schon öfters enttäuscht worden, von Jesus noch nie.

Eine Schwäche, die Sie durch Ihren Glauben besser in den Griff bekommen haben:
Mein Leben bestand, bevor ich Christ wurde, aus Lüge, Diebstahl und Raffinesse. Als AD(H)Sler (Aufmerksamkeitsdefizit-Syndrom mit Hyperaktivität) musste ich mich immer durch das Leben durchschlagen und durchschlängeln, um nur ansatzweise zu überleben. Als Christ konnte ich langsam lernen, der Liebe und der Wertschätzung, die mir Gott und andere Menschen zeigten, zu glauben. Das hatte zur Folge, dass ich immer ehrlicher, echter und authentischer wurde, mit allen Schwächen und Stärken.

Eine der größten Herausforderungen für Christen im 21. Jahrhundert?
Sich nicht vom Zeitgeist, sondern vom Geist und Willen Gottes bestimmen zu lassen. Gegen den Strom zu schwimmen, da, wo es angebracht ist.

Ein Vorbild im Glauben ist für mich ...
... Dr. Martin Luther King. Mit Intelligenz, Tatkraft, Mut, Humor und Herz zeigt er, dass Gott der Erfinder der Menschenrechte ist. Kein Schwätzer!

Ein Tipp, wie man Gebet und Bibellesen interessant gestalten kann:
Gebet und Bibellesen sollte keinem Druck entspringen, sondern sollte eine Zeit sein, die mir guttut. Was einem guttut, muss jeder selbst herausfinden. Als AD(H)Sler suche ich mir eine Zeit und einen Platz, wo mich nichts stört und ablenkt. Wenn meine Frau außer Haus ist, noch keiner anruft, noch keine Post kommt, der Computer nicht an ist. Ich genieße die Zeit der Stille. Ich habe eine ganze Weile Gott jeden Morgen einen Brief geschrieben

(in einem Buch mit leeren Seiten). Mir fiel auf, dass ich es damit leichter hatte, zurückzublicken auf das, was ich von Gott erbeten hatte. Normalerweise hätte ich vieles wieder vergessen, hätte keine Kontrolle gehabt, ob dieses oder jenes eingetroffen war. Es half mir, konkreter zu danken, konkreter zu bitten, mit Gott einfacher und direkter Kontakt zu behalten.

Ihr größter Traum für die Zukunft?
Ich habe keinen Traum für die Zukunft. Ich lebe meinen Traum heute, hier und jetzt. Ich lebe meine Berufung, bin fröhlich und dankbar in meiner Ehe, in meiner Arbeit, in unserer Gemeinde, ich genieße die freie Zeit, kann schnell und unkompliziert entspannen. Was will man mehr?

Wem möchten Sie an dieser Stelle einmal ganz besonders Danke sagen?
Meiner Schwiegermutter Ruth. Sie war die Seele in unserem Haus, Hof und Garten. Ihre Fröhlichkeit, ihr Elan und ihr Interesse mit 90 Jahren an Fußball, Politik und geistlichen Inhalten habe ich immer bewundert. Das steckt an.

Wenn ich in den Himmel komme, frage ich Gott zuerst ...
... ob man hier eigentlich noch Fragen stellen kann? Wenn das der Fall ist, frage ich: „Wo finde ich hier eigentlich meine Frau?"

Das Schlimmste, was mir je passieren könnte, wäre ...
... wenn meine Frau dement würde und meine Liebe nicht mehr wahrnehmen könnte. Und wenn ich dement würde und ich die Liebe meiner Frau nicht mehr wahrnehmen könnte.

Ich kann Gott am besten begegnen, wenn ich ...
... in Zeiten der Anbetung ganz still bin und Gott nur bewundere, seinen Charakter bestaune, mich begeistern lasse von ihm, ohne selbst etwas leisten zu müssen, ohne ihm irgendetwas erzählen zu müssen (meistens nennen wir das beten). Ich sitze dann irgendwo, knie auf der Erde oder stehe und bin vor Gott wie ein Kind, das die Nähe seines Papas genießt.

Mich inspirieren Menschen, die ...
... authentisch sind, sich und anderen nichts vormachen, die kritisch sind und doch Liebe und Barmherzigkeit ausstrahlen.

Ich würde gerne mal einen Monat tauschen mit ...
... einem Adler (der hat einfach die beste Übersicht)!

Ich erlebe Gott im Alltag am stärksten ...
Ich kann nicht sagen, dass es Zeiten gibt, in denen ich Gott stärker oder weniger stark erlebe. Ich erlebe Gott. Es fragt ja auch keiner: „Wann erlebst du das Fundament eures Hauses am stärksten?"

Bildnachweis

Alle Bilder sind von fotolia

Fotorahmen um viele Bilder: tolgatezcan, Lutherrose: Peter Hermes Furian

S. 2-5: AlexanderZam und danilag, S. 6-7: paseven und Gstudio Group, S. 8-9: ra2 studio und maresz_1980,

S. 10-11: Pascal Huot, S. 12-13: iko und Anna Kutukova, S. 14-15: Jenny Sturm,

S. 16-17: vadymvdrobot und Sylverarts, S. 18-19: Renáta Sedmáková und Marina Zlochin, S. 20-21: Kurhan,

S. 22-23: Kristin Gründler und PureSolution, S. 24-25: ipopba und Peter Kögler, S. 26-27: pirotehnik,

S. 28-29: Africa Studio und K.C., S. 30-31: lassedesignen, S. 32-33: christophkadur, S. 34-35: ViewApart und JiSign, S. 36-37: olly, S. 38-39: enterlinedesign und Gina Sanders, S. 40-41: Orlando Florin Rosu und beaubelle,

S. 42-43: Victoria Andreas und netzfrisch.de, S. 44-45: fotogestoeber und beaubelle, S. 46-47: solomnikov,

S. 48-49: Orlando Florin Rosu, S. 50-51: nadezhda1906 und studiostoks, S. 52-53: pathdoc und danielabarreto,

S. 54-55: Alexander Raths und paseven, S. 56-57: raven, S. 58-59: solomnikov, S. 60-61: madgooch,

S. 62-63: maglara, S. 64-65: rudall30, S. 66-67: vasakna, S. 68-69: Tilo Grellmann und slako,

S. 70-71: alphaspirit, S. 72-73: Sunny studio und Marina Zlochin, S. 74-75: vera_holera, S. 76-77: just83in,

S. 78-79: Romolo Tavani und Konovalov Pavel, S. 80-81: astrosystem und Patrizia Tilly,

S. 82-83: Michael Eichhammer und Natalya Levish, S. 84-85: Rido und majivecka,

S. 86-87: Inna Felker und Masson, S. 88-89: DDRockstar, Gina Sanders und Olivier Le Moal,

S. 90-91: paseven, S. 92-93: Kovalenko Inna und Seamartini Graphics, S. 94-95: danilag